なぜウチより、あの店が知られているのか？

ちいさなお店のブランド学

はじめに

はじめまして、広告プランナーの嶋野裕介です。

広告プランナーの尾上永晃です。わたしたちは普段は広告やＰＲ、ＳＮＳでのキャンペーンを設計しています。

ざっくり言うと、商品やサービスを知ってもらって購入してもらったり好きになってもらったりする企画を考える仕事ですね。飲食やファッション、地方自治体と幅広いジャンルを担当しています。

で、そんな２人がなぜこういった本をつくるに至ったのかですが、２０２０年の春頃。家の近所でコロナの影響を受けて閉店する店が相次いでいまして。「好きだったあの店も閉めてしまうんだな」と見つけては寂しい気持ちになり、なにか助けになれることがあったらよかったのに、と思っていました。とは言っても、客の立場でできることは、その店に行くことくらいで。

一方で、わたしたちの仕事で培ったノウハウを活用したらまた違った貢献ができるのではないか、とも思いました。それで、後輩である尾上くんにそんな相談をしていたんですよね。

われわれ2人は、広告のクリエイターとして日々企業の課題に向き合っていろんな広告をつくってきました。最近は広告も幅が広くなってきており、いわゆる広告の幅を越えて商品をつくったりすることもあります。

企業の悩みごとを聞いてそのもととなる課題を見つけることで、形にとらわれずにアイデアを考え、解決する仕事とも言えますね。

はい。そこから、街なかの商店やネット上の個人商店にも、そこで培った知見を提供すれば役に立ててもらえるのではないか？　と思うようになってきて。

あと、これは個人的な思い出ですが、わたしは大阪で商店街が3つ重なる場所で生まれ育ちまして。そこにたこ焼きを出す駄菓子屋があって、小さい頃によく通っていたんですね。そこのおばあさんは、いつもはニコニコしてたのに、あるときぼそっと「なんでウチより、あの店が人気なのかね」って真顔で言ったことがあって。その言葉が妙に記憶に残ってまして。

なるほど。お店をやってる人は、多かれ少なかれそういう気持ちを持っているのかもしれませんね。

そうなんです。同じような商品を扱っていても、お店によって人気に違いがあることがある。それで思うのは、**知られていなければ、どんなにいい商品でも届かないんだってことです。**

　住んでいた商店街には、たくさんの個人商店がひしめいていました。競争も激しかったですが、生き残る店はいつもサービスの質だけではなく、新聞のチラシ

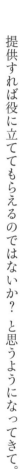

やミニイベントなど、知られる努力もしていた気がします。

まさに地元に本社があった松下電器の創業者である松下幸之助さんも「よい商品ができたら、それを宣伝することが我々の義務であり、使命である。よい商品ができれば、宣伝せずとも勝手に広まるという考えは、迷信である」とおっしゃってますしね。

よい商品を作っていたなら、知られるはずだ。というストーリーを信じたい気持ちもありますが、なかなかそうじゃない面もありますよね。
いま、ＢＡＳＥやShopifyなどのネットショップ開設支援サイトにより気軽にお店がつくれるようになったことで、商売を立ち上げる人はどんどん増えています。コロナ禍がきっかけとなり、既存の店もネットやＳＮＳでの告知など新たな販路拡大にトライしはじめています。これからさらに、多くの個人や企業がネットショップやＳＮＳを通じてビジネスをすることになるはずです。

そこで、さまざまな上手な知られ方をしているお店にインタビューをさせていただいて、うまく知られているお店が何を考えているのか、何をやっているのか、

ということを記事として発信してきました。この本はウェブメディア「アドバタイムズ」での連載がもとになっているのですが、わたしたちも多くの学びや気づきをもらいました。と同時に、われわれが普段やっている仕事から学びを共有できる部分もあるなという思いが強くなっていきまして。

なので、学んだことと本業で培ったものをまぜて共有するっていう感じの本となっております。本業からの知見で言いますと、わたしたちが仕事をするときに大切にしているのは、**ただ大きな声で伝えるだけでなく、「自社のサービスや商品を、お客さんが興味を持つような見せ方にして伝える」ことです。**

そのために最も大事なのが、**「客観的な視点」**だとわたしたちは考えています。広告の仕事でも、まず企業や商品の「実際のところ、この商品の何が最も魅力的なのか?」を探し出す部分に多くの時間を費やしますが、それができるのは、わたしたちが外からの視点で、客観的に冷静にその価値を見つめることができるからなのです。この本では、「お客さんが興味を持つ点」を正しくつかむための力を**「客観力」**と呼び、その身につけ方を伝えていきます。

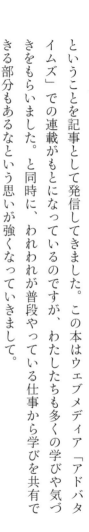

まず自分を知るってことですね。孫子も「敵を知り己を知れ」と言っています。敵（競合相手）を知ることを説く本は多いけれど、己を知るための本はあまりない。そんなふうに感じたのも、この本を書こうと思った動機の一つですよね。

就活でも恋愛でも、自分の魅力を客観的に知らずして、うまくいくことは少ないですよね。商売だって同じです。世の中に自分のお店しかないなら別に知られ方を気にしなくてもいいですが、実際は無数の競合がいます。そして、お客さんとのつながり方も伝え方も無限にある。そんな時代だからこそ、みなさんがご自身の商売の魅力を再発見し、届けたい相手に上手に伝えるための一助になればと思います。

とか言いつつ、ここまで読んでくださった方の中には「もうそんなの知ってる（やってるよ）」とか「そういうまどろっこしいのはいいから具体的な知られる方法をちゃちゃっと3秒で教えてよ」と思われる方もいるかもしれないので、そういう方のためには、すぐに実践できる「SNSで知られるプロの技17」を用意し

ました。91ページまでジャンプしてご覧ください。

でも、なるべく流れで読んでほしいです！

著者紹介

嶋野裕介

東京大学経済学部卒。ブランドマーケティング論を専攻。
マーケティングプランナー、営業職を経てクリエイティブ職へ。
主に飲料メーカー、自動車メーカー、地方自治体などのPR・プロモーションを担当。
国内外のアワード審査員などを務める。好きなものは、新聞とオセロと研修。

尾上永晃

東京理科大学大学院建築学部卒。都市の設計とブランド論を専攻。
プロデューサー職を経て企画職に。
SNSでの人々の動きを意識したコミュニケーション設計で、
飲食チェーン、製菓会社、出版社など分野を問わず担当。
国内外でブランドやコミュニケーションの講義を行う。好きなものは、料理。

なぜウチより、あの店が知られているのか？　目次

はじめに……2

1章 正しく、いい感じに知られよう

環境の変化によって、「知られる」ことはますます重要になっている……16
ただし、「知られ方」にもよしあしがある……18
いい知られ方には「ブランドづくり」が不可欠……20
「スモールブランド」の時代がやってきた……22
スモールブランドはSNSで知られる！……25
自分に合った知られ方をするために「客観力」を持とう……27
主観と客観のバランスをとろう……29

2章
客観視で自分を知る
客観力を高める近道は「他の人が好きなものを知る」こと……34
客観力の身につけ方 STEP1 現在の客観
客観力の身につけ方 STEP2 ヒットの客観
客観力の身につけ方 STEP3 自分の客観
客観力の身につけ方 STEP4 客観のテスト
ケース：「鮨ほり川」の場合……52

3章
客観視で見えてきた商売を言語化する
これかも？と自分の強みが見えてきたら……62
広告のやり方を使って「価値規定」してみよう……63
チーズケーキ専門店「KAKA」の場合……66

オーバーサイズ専門ブランド「10dom」の場合……69
世界的なブランド（スターバックス、ディズニー）の場合……72
少し未来の「ありたき姿」を見つめておく……76

4章 あなたのブランドがSNSで知られるプロの技

あなたを知ってもらう場所を決めよう……82
基本編：SNS投稿の基本の4動作を身につけよう……86
上級編：SNSで知られるプロの技17……91
❶「Give&Give」で感謝されるアカウントになる
❷「記念日・タイミング」を活かす
❸「時間軸（歴史、過去）」を変える
❹「超絶技巧」を示す
❺「モーメント（その時の話題）」に乗っかってみる
❻「製作過程のエンタメ化」

7 「ネーミングインパクト」で注目度アップ
8 「やりすぎ」で突っ込まれる
9 「自虐」で共感・応援獲得
10 「偏愛」で驚かせる
11 「自分たちが損してもお客さんにメリットがある」ことを正直に伝える
12 「逆張り」をする
13 「1対1のコミュニケーション」で関係性を深める
14 「質問する」ことで多くの声を集める
15 「嘘のないHELP ME」を発信
16 あえての「引き算」で逆に目立たせる
17 「コラボ」する
SNSは人間の感情そのものであると考える …… 139
人に言いたくなるか?をフォーマットで検証する …… 140
悩んだら「ユーザーインサイト」を考えよう …… 143
ここまでのまとめ　知られるための下地づくりと、知られるための方法 …… 145

5章 事例インタビュー

世界初のクラフトコーラ専門メーカー「伊良コーラ」……150
SNSを使って話題を呼ぶ、74歳のすし職人「鮨ほり川」……167
誰かに言いたくなる店「不純喫茶ドープ」……184
ストーリーで服を売る大学生「10dom」……202

おわりに……222
謝辞……226

特別ふろく 広告の歴史をひもとく 広告は個人のものだった……228

1章

正しく、いい感じに知られよう

環境の変化によって、「知られる」ことはますます重要になっている

インターネットとSNSは、モノを買う行動に2つの大きな変化をもたらしました。1つ目は、オンラインで直接商品やサービスを買えるようになったこと。2つ目は、買う前に事前に評判などをチェックできるようになったことです。

評判の検索は、ネットショッピングのみならず、すべての商売に対して影響を与えています。検索やタグで上位に上がってくるものはさらに人気を集めますが、下にいるブランドはクリックされることなく、ずっと下位に止《とど》まり続けます。お店やサイトにお客さんが来る前に、勝負が終わっていることもあるのです。

さらにコロナ禍に入ってからは、ネットショップの数が加速度的に増加。2018年から、5年連続でネットショップ開設実績1位*を謳うBASEでは、コロナによる影響が日本でも大きく出始めた2020年5月の段階では100万ショップだったのが、1年後の2021年5月には一気に50%アップして150万ショップになったといいます。リアルでの接触が避けられる中で、個人商店や中小企業が販路を拡大したり、大企

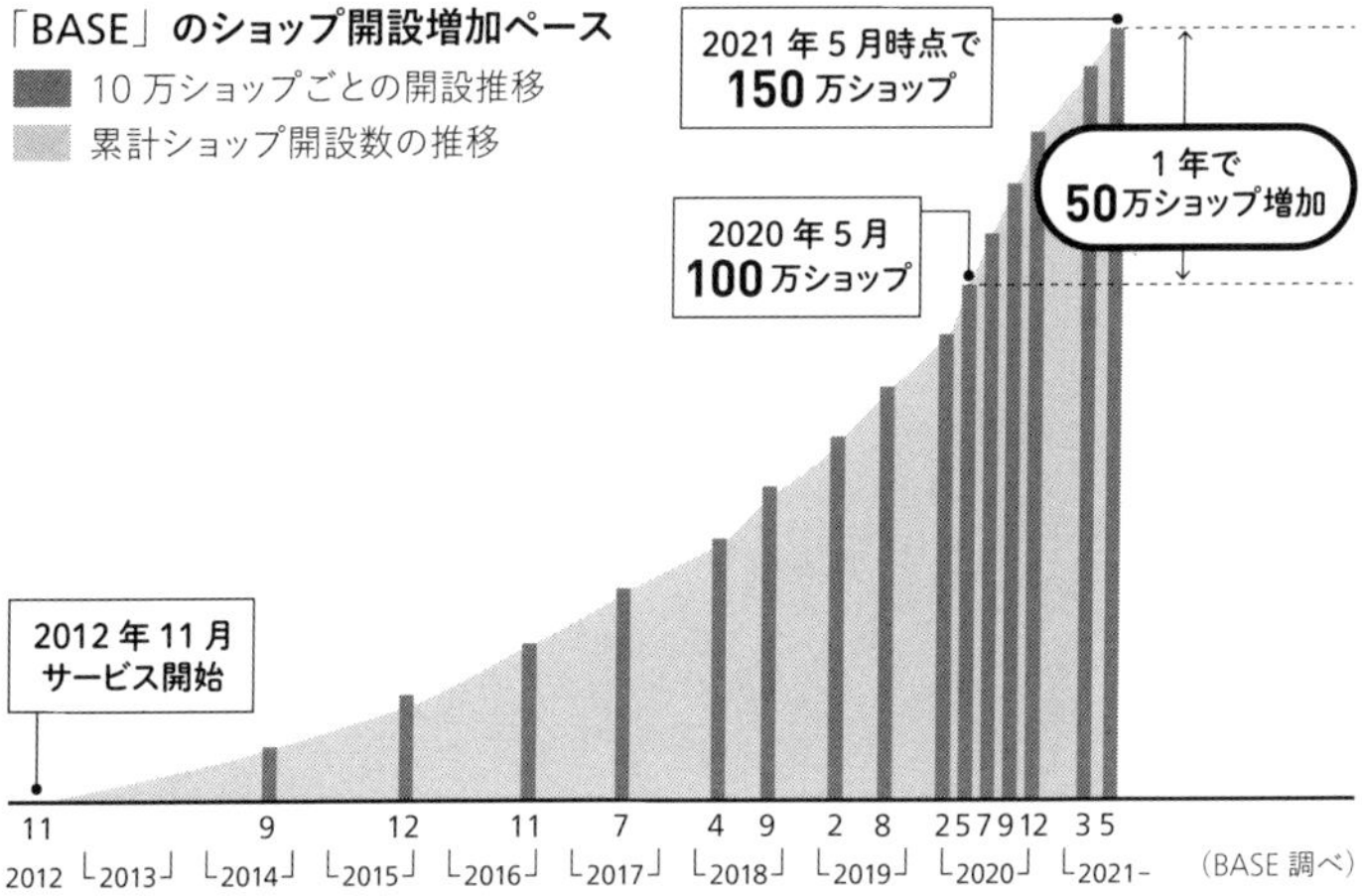
「BASE」のショップ開設増加ペース
10万ショップごとの開設推移
累計ショップ開設数の推移
2021年5月時点で
150万ショップ
1年で
50万ショップ増加
2020年5月
100万ショップ
2012年11月
サービス開始
11 9 12 11 7 4 9 2 8 2 5 7 9 12 3 5
2012 2013 2014 2015 2016 2017 2018 2019 2020 2021-
（BASE調べ）

ネットショップ作成サービスの「BASE」では、コロナ禍に入った2020年からネットショップの数が加速度的に増加している。

業の新規事業としてネットショップをスタートさせたのがその理由です。

＊「直近1年以内にネットショップを開設する際に利用したネットショップ作成サービスに関する調査」（2022年2月）より

すでに知名度の高い企業が開くネットショップは、既存ファンの購入機会の拡大につながります。「知っている」店だから、商品名や企業名で検索したり、フォローしているSNSアカウント経由で人が訪れます。しかし、知られていない場合は、そもそも人が来ません。まず「知られる」ことが、入口なのです。

ただし、「知られ方」にもよしあしがある

とはいえ、何でもいいから知られればいいわけではありません。知られ方にも「いい・悪い」は存在します。

「悪名は無名に勝る」ということわざもありますが、社会のルールや道徳に反することをして炎上して知られたとしても、長い目で見たとき、それはあなたの商売のためになるはずがありません。

知られ方のよしあしはシンプルに、以下の基準で区別ができます。

「自分の商売の狙いに貢献できているかどうか」

つまり、単に名前だけが知られるのではなく、その商売にとって大切な部分や強みのイメージも含めて知られるということです（広告業界では前者を「認知」、後者のような知られ方を「認識（パーセプション）」と呼んで区別することもあります）。美味しいパンを食べてもらいたいのに、ＳＮＳでのネタ投稿が人気になって、日々面白いネタ投稿だけを期待さ

れる状態になったとしたら、それは商売の狙いに貢献できているとは言えないのです。

つまり、いい知られ方とは「商売の根っこ」への貢献につながるということです。いい知られ方をしているかどうかは、次のような基準でチェックすることができます。

これは「いい知られ方」

・自分の「やりたいこと／強み」が伝わっている
・無理をせずに続けられる内容になっている
・継続的にファンが増えていく

中長期的に自分たちのよさを伝え続けられ、結果として商売のファンを着実に増やすことにもつながっていきそうだと想像できるのではないでしょうか。

一方で、よくない知られ方は「狙いとはズレたところ」で広がっていってしまいます。

これは「よくない知られ方」

・自分の「やりたいこと／強み」と関係ないことが伝わっている
・無理していて続かない
・ファンが増えない
・なんならアンチが増えている

そのまま発信を続けていくと、話題になったり拡散されたとしても、全然商売にかえってこないばかりか、商売への悪影響があったり、損失さえも生みかねません。

あなたが今手がけている商売は、どちらの知られ方をしているでしょうか。ここからさらに、「いい知られ方」（よい認識のされかた）とは何かを考えていきましょう。

いい知られ方には「ブランドづくり」が不可欠

いい知られ方をするためにはまず「いいブランド」になることを目指しましょう。

ここでいう「ブランド」とはいわゆる「高級ブランド」ではありません。そもそもブランドとは、他と区別する印として生まれた考え方です。自分の商売が他の商売と何が違うか、どこにこだわっているのか、といった商売の「売り」が時間をかけて世間に知られていくことで、ブランドはつくられます。

そんなふうに、自分たちのよいところを明確にしてつくり上げ、世間に知ってもらう過程を「ブランドづくり」とこの本では呼びます。

ちなみに、「ブランド」の歴史については諸説ありますが、一番わかりやすいのは「牛の焼印」だと言われています。かつて放牧で自由に飼っていた牛に、自分のものだと証明するために各家でつけた証《あかし》がブランドの起源といわれています（現代の日本でも、各地でブランド牛がしのぎを削っていますが、ある意味では「ブランドづくり」の原点に立ち返っているともいえるのかもしれません）。

日本を代表する世界的な企業であるホンダやソニーも、最初は個人ブランドからはじまりました。自分たちならではの

ブランドの始まりは牛の焼印だと言われている。

ものづくりのこだわりを持ち、競合商品よりよいものをつくろうと切磋琢磨した結果、商品が評判を生み、商号がブランドとなって世界に広がっていったのです。どんな世界的ブランドも、最初は少人数の熱意から始まっています。

そして、実はいまこのタイミングで、従来のブランドよりも規模は小さいけれど個性ある商品・サービスを提供する「スモールブランド」が注目を集めています。

「スモールブランド」の時代がやってきた

スモールブランドとは、文字通り規模は小さいものの、明確な個性を持って知られており、特定のファンからの熱い支持を集めているブランドです。個人で作っている服や雑貨、お菓子などが販売と同時に売り切れるような瞬間をあなたも見たことがあるかもしれません。ああいった、小さいけれど熱が集まるお店のイメージです。

ブランドという言葉が表すものも変化しています。初期は牛の焼印の話のように「所有者（誰の持ち物か）」を表す証だったのが、時を経て商品が各所へ流通するようになると商品の品質を保証するために「生産者（誰が作っているか）」を示すものとなりました。さらに、生産・製造技術の向上で作られるもののクオリティが安定する時代になると、ブランドロゴは品質のみならず「所有することで体験できる気分」や「所有者同士で感じられる一体感（コミュニティ感）」をあらわすようになります。例えば、トヨタとホンダの商品のクオリティの差を厳密に言える人は少ないけれど、この２つのブランドが生活者に提供しようとしているものや世界観の違いはわかる、といったように。

一般的に、ファッションブランドのロゴが提供するのはそのブランドの持つ「時代性・デザイン性」であり、大企業のブランドが与えるのは「商品への信頼・安心」でした。これらは大量消費・大量販売時代には欠かせぬ要素となり、その影響で１９８０年代は企業のロゴ（ＣＩ）やブランドアイデンティティを伝える企業広告が盛り上がりを迎えます。要するに、「わたしたちを信頼してください」というメッセージの広告です。

そして時代はさらに進み、現代は「少数多品種生産時代」になっています。つまり、同じようなものをみんなで使う時代ではなく、各人が自分らしい商品を選ぶ時代ということです。その結果、いままさにスモールブランドの百花繚乱時代となっているのです。

この変化はマーケティングの世界にも大きな変革を生み出しました。これまでの大手企業のマスブランドは、なるべく多くの人に同じものを売るために、みんなが納得する総花的な価値（バリュー）をブランドの軸に置いてきました。だからこそ安心・信頼や、平均的な好ましさがブランドづくりに求められていて、１００人中90人に○（丸）がもらえる知られ方が大切でした。

一方でスモールブランドには、「この部分だけは他にはない強みだ」といえるような魅力的な個性が求められます。どんなにニッチでも〇Ｋ。狭くても深いニーズに応えることで、少数でも熱烈なファンが生まれます。１００人中2～3人でいいので、強烈な◎（二重丸）をもらえるブランドづくりがいいのです。なぜなら、みんなを相手にしていたら誰からも愛されず、埋没してしまうだけですから。

今はそんなスモールブランドが数多《あまた》ある時代です。「ブランドなんてうちは関係ないよ」と思っているあなたの商売も、実はすでにブランドの戦いに巻き込まれています。イメージしてみてください。似たような商品を作っているお店がウェブサイトの検索結果をうめつくしている画面を。お客さんは考えます。「このお店の商品は、どこが売りなのだろうか？」と。あなたはどう答えるでしょうか。

ここであなたが説明する売りやこだわりは、すでにあなたのブランドの強みです。例えばあなたがクッキーを売るお店を開いているとしたら、おそらく「健康にいい」や「最高品質のバターを使った」などの特徴を伝えるはずです。そのようなこだわりや違いこそが、ブランドづくりの最初の一歩となります。

では、そんなスモールブランドの知られ方と従来のブランドの知られ方の違いは、なんでしょうか。

スモールブランドはSNSで知られる！

スモールブランドのようなコアなファンをつくるための少数多品種の商品に、マス広告（テレビCMや新聞など）は必ずしも必要ではありません。なぜなら、マス広告はなるべく多くの人にそれなりに興味を持ってもらいたいときに向いているからです。むしろ重要なのはＳＮＳ。スモールブランドがそもそも商売として成立しやすくなったターニングポイントには、興味があるものだけをフォローしてつながり合えるＳＮＳの普及があります。人数は少ないけれど、コアな興味を持つ人たちに狙いを定めて知ってもらうためには、ＳＮＳが最も効率がいいです。それにＳＮＳは始めるのにコストもかかりません。誰もが持てて使い方によっては強烈な武器になるものなのです。

例えば、オーバーサイズファッションを好む人をターゲットに絞った「10ｄｏｍ（ジューダム）」というファッションブランドがあります。１００着限定の商品が発売と同時に売り切れる人気ブランドです。そして、10ｄｏｍが告知に使っているのがTikTok。しかもいわゆる広告は使わず、服を作る過程や作り手の思いを動画で伝えるやり方をしています。ブランドのディレクター自身が商品のアイデアを語り、製作途中で課題にぶちあたり苦悶《くもん》する。作る過程をみんなと共有することで、応援したくなり欲しくなる状況が生まれ、ブランドのファンが生まれています。つまり、作る過程自体も商品になっている。ターゲットと自分の強みを把握できているからこその発信スタイルです。

なお、各ＳＮＳで「おすすめ」として表示されるコンテンツは、それぞれの独自ルールである「アルゴリズム」によって決められています。たびたびチューニングされるために絶対のルールはありませんが、例えばインスタグラムなら、「みんなが注目している投稿」を他の人にも見せようとする傾向が高い。例えば、♡（いいね数）が多いもの、コンテンツの試聴時間が長いもの、投稿自体の保存・ダウンロード数が多いものはアルゴリズムが自動的に「人気コンテンツ」だと判断して、他の人に紹介してくれる確率が高まります。

ただ、この本ではそういったアルゴリズムへの対策を語るわけではありません。コロコロ変わるアルゴリズムの対策に追われていると本質を見逃してしまいます。大事なのは、その裏側にある、人が何に興味を持っているかという気持ちの部分だとわたしたちは考えています。アルゴリズムというものがある、とだけ認識してもらって先に進みましょう。

自分に合った知られ方をするために「客観力」を持とう

あなたの商売が、いい感じに知られるために最も大切なのは、「ターゲット（お客さん）目線」を持つことです。

SNSのアルゴリズムの設計がまさにそうなっているように、あなた自身の想いや伝えたいこと以上に、その投稿をターゲットの人たちが見て「興味や共感」をどれぐらい引き起こせるかが重要だということです。あなたが時間をかけて練りに練った投稿をしても全然反応がないことはザラにあるし、逆に「こんなこと当たり前すぎて投稿するなんて思ってもみなかった」ようなことが大きな話題になることもあります。

なぜでしょうか？ それはあなたの主観（「これを伝えたい」という想いや「これを書いたら皆が面白がってくれるだろう」という予測）が、お客さんの客観（お客さんが「知りたい」と思うことや、面白く感じ人に話したくなるポイント）とズレているからです。

「客観」という言葉は、「お客さんから観る」と書きます。商売は、お客さんにとって価値があるかどうかで強みが決まります。お客さんから見たときに魅力的に見えるか？ 他の誰かにもおすすめしたいと思えるか？ あなたの強みがちゃんと伝わっているか？ 伝わらない価値や努力は、お客さんから見れば存在しないものと同じになってしまいます。客観という言葉は、商売におけるお客さま目線の大事さを表しているかのようです。

お客さんの興味や共感を引き出す投稿をするには、自分自身をターゲットの目線から徹底的に捉えなおす「客観力」が必要です。そして、この力は鍛えることができます。

実は、広告の制作者たちはこの視点を徹底して訓練されています。企業の広告をつくるとき、企業は商品のプロであり、広告を作る人はターゲット目線（客観視）のプロとして制作に関わります。広告制作者は、人々は何を考え、何を欲していて、そしてこの企業のことをどう思っているのか？という視点を常日頃から持っています。次の章ではこの鍛え方を共有していきます。

主観と客観のバランスをとろう

ちなみに、ここまで「主観」をまるで悪者みたいに書いてしまいましたが、そういうわけではありません。

ビジネスを立ち上げたり運営するには、自分自身がその商売を信じるという強烈な「主観」が必要です。それがないと商売を続ける情熱がそもそも続きません。しかし同時に、うまくいっている人ほど「独りよがり」になることを恐れ、積極的に周りの意見に耳を傾けています。そして、その中で自分が納得できるものはどんどん取り入れているのです。

わたしたちは仕事柄、多くの経営者や事業の責任者の方とお会いしてきました。うまくいっている人たちに共通しているのは、みなさん驚くほど主観と客観のバランスに優れているということです。

「客観力」とは人の意見をすべて受け入れるのではなく、お客さんから見た自分の姿を理解して、その上で自分の意志で何をすべきか・何をしないかを決めることです。

あなたも、自分の手でビジネスをはじめている、あるいははじめようと考えている以上は、すでに「主観」部分については十分熱いものを持っているはず。だからこそ客観を身につけ、そこでの学びを主観に取り込むことでさらに商売の可能性は広がります。どちらかだけではなく、両方の視点があなたの強みになるはずです。

1章まとめ

- いまの時代、あなたの商売が知られるためにはＳＮＳなどで注目されることが不可欠。
- そのためにはやみくもに投稿したり広告を出しても効果は薄い。自分の持っている要素の中で、どれがターゲット（お客さん）から求められるかを推し量る「客観力」が重要となる。
- 主観と客観を両手に持ち、バランスをとることで商売がうまくいく。

お客さんから観る
この本で気づいたんだけどね

2
章

客観視で自分を知る

客観力を高める近道は「他の人が好きなものを知る」こと

前章では、客観力の重要性についてお話ししました。

客観力を高める一番の近道は「他の人が好きなものを知る」ことです。

自分が好きなものについて考えることは多くても、他の人が好きなものについて考えることはあまりないもの。それゆえに、そこにヒントがあります。いま世間で流行っているものや、他の人（特に、これから来てほしいお客さん）が好きなものを知ることで、一歩引いた視点から自分の強みがわかり、その伝え方もわかります。

ここからは、具体的に客観力を身につけるためのステップを4つに分けて紹介します。

客観力の身につけ方

STEP1　現在の客観

最初にしてもらいたいのが、自分の商売に関係する業界、ジャンル、ライバル店・人気店の「いま」を徹底的に調べることです。

「なにが、どういう理由で人気なのか？ 人は、何を求めているのか？」を頭に浮かべ、ウェブやSNSで人気店が何をして、どう話題になっているかを調べます。業界紙があるなら、その記事を読んだりすることも有効です。

どこから調べはじめようか迷ったら、自分の商売が知られてほしい場所（メディア）でまず調べてみることをおすすめします。そうすることで、自分が「こういう知られ方をしたい」というイメージが蓄積できたり、競合との戦い方が見えてくるからです。

飲食系なら

食べログやグーグルのローカルリスティング（グーグルでお店の検索をすると囲みで表示される店舗情報）などで、同業の人気のお店の最新の投稿をチェック。実際の投稿を見る前に、自分の目線で何が魅力として語られているかを予想した上で、実際のコメントを見て、人々がどの部分に魅力を感じているか確認するというやり方がおすすめです。一度予想を挟むことで、主観と客観のズレを知ることができるからです。また、飲食店について人々が投稿しているツイートなども、どんなお店が、どんな点で人気なのか教えてくれます。

ファッション系なら

現状だとインスタグラムがわかりやすいでしょう。同じジャンルのアイテムや、ターゲットが多く集まるブランドのアカウントを見て、どういった投稿が人気を集めているか見てみましょう。人気があるブランドとそうではないブランド／人気がある投稿とそうではない投稿の差について考えてみると、その秘密が見えてきます。飲食、ファッション系以外のジャンルについても、まずはインスタグラムを見てみるのがおすすめです。

競合が存在しない新しいブランドやサービスなら

使ってほしいターゲットの人たちをＳＮＳでフォローして、その人たちが普段何を見ているか、好きなのかを調べましょう。ターゲットの「好き」を自分たちに取り入れるための下準備になります。

どんなジャンルの商売にも有効なAND検索

ネットで自分の商売に関連するワードを検索して、何が人気商品として出てくるかを見てみましょう。例えば「〇〇（自分の商売のカテゴリー）人気」や「〇〇 話題」のように「〇〇＋スペース＋人気（or話題など）」を一緒に入れるだけで、すぐに注目の記事が見つかるはずです。

また、業界から時には大きく視点を広げて、現在人々は何を考えて何を求めているのか、何がいい知られ方をしているのか、といった大きなトレンドや他業種の成功事例を知ることも大事です。他の商品ジャンルではどんなものが人気なのかは、知っておいて損はありません。

大きな現在のトレンドを知るには

『販促会議』や『日経MJ』『東洋経済』といった新しい取り組みやトレンドを扱うメディアを眺めてみましょう。いま誰が何を求めているのか。何が起きようとしているのかが描かれています。自分の肌に合いそうで、続けて読めそうなメディアだけを見ていけばいいと思います。

自ら体験するのも大事

人気の商品やお店で気になるものがあったら、何が人気の理由なのかを考え、そして体験してみましょう。誰かが語った人気の理由はあなたの武器になりづらい。自分の体験を通じて語れるようになりましょう。わたしたちも、流行っていると聞けばとにかく一度試してみるようにしています。

リサーチの過程で、いろいろなケースや発見があるはずです。どこに反応があるのか、どこをみんな楽しんでいるのかなど、お客さんの様子を実際に観察して気持ちを想像しながら体験するといいです。その上で、客観的に見てこうするといいんだなという視点と、自分ならこうするという主観的な視点のバランスを意識してください（もちろん知った上であえて参考にしない、というのも全然アリです）。

「話題になっているもの」の理由を自分なりに考えたら、その仮説を文字に書き残しておくといいでしょう。言語化することで、単純な模倣や流行の追っかけではなく、自分らしさの発揮につながります。ノートに書いておくもよし、記憶しておくもよしですが、さらにおすすめの方法はそれを誰かに語ってみることです。

相手が「なるほど、それいいね！」って言ってくれるくらいに学んだ話題の理由を語ることができたなら、その客観的な視点はあなたの武器になっています。シンプルかつ魅力的に語ってみましょう。

ここで一つ例を挙げると、2022年のヒット商品の一つに「ヤクルト1000」があります。「すぐ眠れる」「目覚めがいい」などの口コミがSNSで広がり、売上げが伸びた商品です。実際に買って飲んでみましたが、確かに寝つきがよくなる気がします。

しかし、快眠のための商品なら、枕だってあるし、パジャマだってある。なぜこの商品はここまで爆発的に話題になったのか？　あくまで仮説ですが、それはこの商品のメッセージの一つである「睡眠の質向上」の「質向上」の部分だと思います。最近話題になっている「タイパ」という言葉をご存じでしょうか。これは時間（タイム）のコストパフォーマンスを意味する言葉で、いま世界的に広がっている概念です。時間をうまくマネージメントして効率よく生きていきたいという願望を象徴しています。

タイパを気にする人たちにとっては、睡眠は長ければいいというものではなく、質をよくしてなるべく効率よく眠りたいという気持ちがあります。そのため、「よく眠れる・長く眠れる」よりも「睡眠の質」を謳うこの商品が時代にマッチしたといえます。
このように、時代の変化と共に起きるお客さんのマインドの変化や世の中のトレンドをつかむことで、最適な商品の打ち出し方やメッセージを見つけることができます。

ここで大切なのは、これらのトレンドのチェックは日常的に（できれば毎日）行うこと。特にネットの動きは速く、瞬発力が大切なので、流し見でもいいので常にチェックしておくことが重要です。移動やトイレなどの隙間時間でもいいので、気軽に続けられる範囲でやってみましょう。

客観力の身につけ方

STEP2 ヒットの客観

ヒット商品はなぜヒットしたのか。現在のヒット商品について語るものは多くあり、参考にされることも多いと思いますが、実は過去のヒット商品にも今の時代につながるたくさんのヒントが眠っています。
例えば、「タピオカ」には少なくとも3度のブームがあったと言われています。

1980年頃にココナッツミルクとともに訪れた第1次ブーム。そして2000年頃のタピオカミルクティーの専門店などによる第2次ブーム。そして、2018年頃の台湾フード人気による第3次ブーム。

このように、タピオカはほぼ20年ごとに形を変えながら飲料の世界で大きな話題となっています。

ここから、タピオカブームの背景を自分なりに仮説を立てて考えてみましょう。例えばこんな具合です。

・ずっとコーヒーだと飽きるから紅茶も飲みたくなるが、それもまた飽きる。タピオカは、その移り変わりの時期に登場する変わり種なのか？　であれば、次は何が来そうなんだ？

・日本の「40年周期説」というものがあるが、飲食の世界では20年ごとに海外のものを食べたり飲みたくなる周期があるのでは。となるとタピオカブームの直後の今は、あえて国内のもので攻めるべきか？

・純粋にタピオカの食感が忘れられないのか？　となると２０４０年頃にはどんなタピオカが流行るのか？

ある事象の裏側には人の心理が隠されています。それを探して、今後の予測に活かすということです。

また、どんな業界にもブームの波が存在します。そこで何が流行ったか、それはなぜか、他にはどんな商品があったのかを知っておくことで、いまのあなたの商売にも参考になる情報が必ずといっていいほど見つかります。

経済状況が悪いときは女性の眉が細くなり、良くなると眉が太くなるという話もあります。次は何の波が来るのか？　常に考える癖をつけることで、だんだん次が予想できるようになってきます。

広告業界においても、「過去の名作キャンペーン」を学べとまず教育されます。過去の名作には人々の気持ちを動かす普遍的な魅力があり、それを今に置き換えると新たなヒットを生み出すからです。

人間が本能的に好むものは過去からそれほど変わっておらず、物語の雛形はもう出尽くしているとも言われます。また、アイデアというものは既存のアイデアの組み合わせであると言われています。

過去のヒットを知っていれば知っているほど、理解していればしているほど、それはヒントになるということです。ただ漫然と知るだけでなく、これもまた、自分自身が使えるように、誰かに話せるようにしておくのがおすすめです。

では、過去のヒット商品はどう調べればいいか？　ネットで、あなたの商売のジャンルやカテゴリー名に「歴史」や「名作」「ヒット作」というワードをつけてＡＮＤ検索してみましょう。

過去のヒット作や、場合によっては業界の歴史をまとめたページなども見つけられるかもしれません。過去事例とは、先人のトライアンドエラーの産物。参考にできるものはどんどん使ったり、今の時代にアレンジしてみましょう。

もしも余力があれば、あえて失敗作（ヒットしなかった商品）もあわせて見ておくとさらに発見があります。なぜうまくいかなかったかの分析からも学びがあるし、モノによっては今の時代なら成功する事例が隠れていることもあります。

過去のヒット商品を調べる。どんな時代に、なぜ、どんな人がそれを買ったり使ったりしたのか。そして、その魅力を今に活かすとしたらどうなるのか。それらを事例を見るたびに考える。そして近くにいる誰かに話すクセをつけましょう。

客観力の身につけ方

STEP3　自分の客観

STEP1では現在を客観視し、STEP2では過去を客観視してきました。次のSTEP3は「自分の客観」です。あなた自身を客観視します。

そのためにまず、自分自身の歴史を振り返ってもらいたいと思います。歴史といっても単に生い立ちを思い出すのではなく、「そもそもわたしたちの商売は何を一番大事にしたかったんだっけ?」ということを、自分の気持ちを中心に振り返るということです。

実はこのステップこそが、知られ方を考える上で大きな幹となります。

最近は大企業でも同じように自分たちのビジネスの原点を振り返り、何のためにこれからの商売を行っていくかを、「ミッション」や「パーパス」と呼ばれるものに改めて整理する流れがあります。

原点にこそオリジナルなものがあり、無理なく続けられるモチベーションの根源になっていたりするからです。ジャンルは違いますが、ヒット漫画の企画でも、作家と編集者がデビュー初期の作品を振り返る中で原点を発見した、というような話があります（『鬼滅の刃』や『僕のヒーローアカデミア』など）。

例えば、以下の点について自分なりに答えてみてください。

■ あなたはなぜその商売を始めたのですか？

■ あなたが商売で一番大切にしたいことは何ですか？

■ あなたはなぜそれを大切にしたいのですか？

■あなたはその大切なことのために、どんなところを圧倒的にこだわったり、努力しようと思いますか？（いくつ挙げても構いません）

■その努力やこだわりの中で、他のお店と比べて特に強いことはなんですか？

どうでしょうか。言葉にすることで自分でも忘れていた根源的な部分が見えてくるのではないでしょうか。

自分の原点と商売の想いをきっちり言語化できれば、それがライバルとの差別化のポイントになります。また、商売を大きくするときに従業員にもその想いを共有しやすくなり、志を同じくする仲間を増やすこともできます。

例えば、世界初のクラフトコーラメーカーである「伊良コーラ」代表の小林さんは、コーラで商売することを志した瞬間のことを、ウェブサイトでこう記載しています。

〝偏頭痛持ちだったことからコーラマニアになったこと、古いコーラのレシピを見つけたこと、祖父が和漢方職人だったこと、農学部で自然の知見や実験技術を大いに学んだこと。（中略）一つ一つの点が1本の線につながった感覚がありました。〟

（伊良コーラウェブサイトより）

自らの原点につながるストーリーは、仲間やファンを巻き込む強い力を持っています。あなたなら、どんなストーリーを描くのでしょうか。

伊良コーラの事例は150ページのインタビューでさらに深く触れています。気になった方は読んでみてください。

客観力の身につけ方

STEP4　客観のテスト

最後に、STEP1〜3までを踏まえて、あなたが商売で現在やっていること・やりたいことをまとめてみましょう。そして、それを誰かに語ってみましょう。

自分の商売を客観的に見られているかどうかを確かめるには、自分以外の他人に客観的なコメントをもらうのが手っ取り早いのです。そして、話すという行為を通じて想いを自分の外に一度出すことで、自分自身でも客観的に見られるようになります。
人に話している最中に、「あれ、自分ってこんなこと考えていたんだ」と発見したことがある人もいるのではないでしょうか。

家族や友人など誰か身近な人をつかまえて、ざっくりと、
「こういう理由でこんなこと考えてるんだけど、どう思う？」
と聞いてみるのでもOK。または、もう少しちゃんと整理して、
「わたしはこういう想いで、こんな商売をやろうと思っています。
お客さんはこういう人で、こんな部分を圧倒的にこだわった
商品・サービスを提供しようと思ってるんだけど、欲しい人っていると思う？」
と具体的に聞くのもいいでしょう。

話を聞いてほしい相手は、主に3タイプいます。

まずは、

・あなたのご家族
・あなたのことをよく知る友人

など、あなた自身をよく知る人たち。

次に、

・その商売のターゲットになりそうな人々
・同業者
・そのジャンルの商品をよく使う人

など、業界に詳しかったり、利用経験が高い人たち。

最後に、もしいれば、

・自分でビジネスを運営している起業家、経営者
・多くの事例に携わってきたマーケター、クリエイター

など、プロの目線を持つ人たち。

例えば、ユーザーごとに適したスムージーやスープ・サラダを自宅に届ける宅配ミールキット「GREEN SPOON」を創業した田邊友則さんは、創業間もない頃からずっと友人のクリエイティブディレクターらに相談を続け、起業に対する思いを言語化して整理するプロセスを何度も繰り返したそうです。

〝「GREEN SPOON」のビジュアルやパッケージには、イラストレーターにしおあきのりさんの絵を多用し、明るく楽しい世界観に。あえて機能的価値である野菜やフルーツの断面の写真やイラストを前面に出さずに、情緒的な価値を伝える役を担う。（中略）こうしたブランドの在り方は、創業間もない頃から考えてきたことだった。「まだ社員が一人もいない頃から、友人のクリエイティブディレクターやアートディレクターに度々相談させてもらって。なぜ起業するの？何をやりたいの？と自分の思いを言語化して整理するプロセスを繰り返していきました。その段階でブランドの在り方を規定することで、組織が大きくなってもぶれないブランドができると考えたんです」と田邊さん。〟

（月刊『ブレーン』2022年11月号より）

「GREEN SPOON」のパッケージ。

多くの人の目に触れることで、「自分が強みと思っていたり、こだわろうと思っていたこと」は案外周りから見るとそうでもないかもしれないと気づくことがあります。**むしろ、思ってもみないところに強みがあることに気がつくことが多くある**はずです。これこそが客観視で得られる成果であり、自分の真の魅力の発見につながります。

ここで、客観力が高く、うまく商売に活用できているケースを見てみます。簡単なクイズ形式で始めます。自分ならどうするか、ぜひ考えてから先に進んでみてください。

ケース：「鮨ほり川」の場合

Q

あなたは、開業して50年近く経つすし屋の大将です。
常連に長年愛されてきたお店もコロナの影響を避けられず、
お客さんが誰もこない日も。
そんなとき、何をしますか？

一分でいいので、考えてみてください。

いかがでしょうか？　鮨ほり川さんの場合は、こうでした。

A

**いままで全くアプローチしていなかった「SNS世代の若者」をターゲットにして、
格式が高く見られがちなカウンターすし屋の敷居を下げて訪れやすくする。**

なぜ老舗すし屋である鮨ほり川が大転換を行い、成功したのか。その経緯を客観視の視点から見てみましょう。

コロナ禍においてはどの飲食店も大打撃を受けました。特に常連からの予約が主だった老舗のすし屋にとっては、死活問題です。持ち帰りや宅配主体に切り替えるお店は多かったものの、ＳＮＳで積極的に情報発信するすし職人は当時あまりいませんでした。

そんな中、店長の堀川文雄さんは「新しいお客さんを開拓したい」「お店で出している料理についてもっと発信したい」と思ったそうです。

すぐに以前バイトしていた若者世代の方に、商売の悩みや、お店に対する想いを相談したところ、当時話題を集めつつあったｎｏｔｅを勧められ、そこで「73歳すし屋のｎｏｔｅ【現役】」を公開しました（２０２２年12月現在は「74歳すし屋のｎｏｔｅ【現役】」）。当時ｎｏｔｅはまだ新しいメディアであり、書いている人も書かれている内容もＳＮＳ世代の若者が中心でした。そうした記事をいくつか参考にした上で、あえて「73歳のすし職人」がｎｏｔｅを書く新しさ・面白さにチャレンジしたそうです。職人である堀川さんのこだわりや、これまでの人生、旬の食材についてなどあらゆる話題を発信しました。

そもそも50年前にすし屋として独立した当初から「新しいことをやってやるぞ」という想いは強くあり、「野菜寿司」や「フルーツ寿司」などのＳＮＳ映えしそうなメニューがあったことも功を奏しました。実際に、お客さんの中には「マンゴー握ってるじゃん！ＳＮＳに出したほうがいいよ」と直接アドバイスをしてくれる人もいたそうです。

さらにツイッターにおいて「予約がゼロです」と投稿したところ、1万以上のいいね！がついて話題に。そのアカウントで紹介されていたnote経由でフルーツ寿司が大きな注目を集め、それがメディアでも多く取り上げられ予約が殺到するに至りました。

この事例で「客観力」が発揮されているポイントは以下です。まずnoteのタイトルに「73歳」とつけていること。当時若者の間で話題になりつつあったプラットフォームであるnoteに現れたのがすし屋で、しかも73歳というギャップ。でも書かれている内容は古めかしくなく、いわゆる写真映えするオシャレな握り。noteの運営側の視点に立って見ても、異彩を放つこのすし屋の記事をおすすめとして紹介したい理由が詰まっています。

また、ツイッターでも「予約がゼロ」と素直につぶやくことで、ネットの人たちの「困っている人を助けよう」という気持ちを後押しし、大きな話題を生み出しました。

さらに注目したいのが、SNSの投稿頻度と文章の書き方です。

例えば鮨ほり川のインスタグラムの投稿には、

- お酒呑めなくても大歓迎です
- お会計はカードが使えなくてごめんなさい
- ぜひほり川スペシャル（11,000円税込のコース）をご注文くださいませ

という文章がほぼ毎回つけられていました。

これもまさに、ターゲットである若者の視点に立った「客観力」が詰まった思いやりあふれる文章です。

老舗のベテラン職人が握るおすしは、若者からすればハードルが高いもの。すし屋には明確な値札がないお店も多く、SNSで見かけてもすぐには予約がためらわれます。一人で行くと迷惑かなぁとか、お酒たくさん飲まないと怒られないかなぁといった、若いお客さんの気持ちを客観的に推察して、彼らの不安を先にケアするような文章を投稿に入れておくことで、気軽に訪れやすい空気を生み出しています。

また、実はこの「ほり川スペシャル」は最初からあったものではなく、SNSを開始してから、SNS世代の若者がお店を訪れやすいように新たに用意したサービス。

どんな商売にも何かしらお客さんにとってハードルがあるはずですが、ずっと関わっていると見えなくなってくるもの。あなたの商売にも何かハードルが隠れていないかを探してみると、新たなサービスにつながるかもしれません。

鮨ほり川は、まさに客観力と自分たちの強み・特徴をうまく掛け合わせ、新しいターゲットに届く「知られ方」を実現した事例です。詳しいインタビューは１６７ページにあるので、ぜひそちらもご覧ください。

鮨ほり川「知られ方」の方程式

客観力

SNS 世代の若者の気持ちになって
すし屋を眺めてみる

×

自分たちが持っていた強み・特徴

SNS でも受けそうな既存メニュー・
新しいものに挑む姿勢・老舗としての確かな腕

×

新しいターゲットに届く「知られ方」

若者の SNS にギャップを活かした表現で登場し、
彼ら向けのメニューも考案

＝

若者に知られ来店してもらうことに成功！

2章まとめ

- あなたの商売の素晴らしさを、「客観視」によってお客さんに届く形に変換しよう。
- 客観力を身につけるためのステップは4つ。1つ目は「現在の客観」。自分の商売に関係する業界、ジャンル、ライバル店・人気店を調べ、その人気の理由を自分なりに分析し、考えてみよう。
- 2つ目は「ヒットの客観」。過去のヒット商品には、今のヒットにもつながるヒントが眠っている。その魅力を分析し、今に活かすならどうすればいいか考えよう。
- 3つ目は「自分の客観」。「そもそも何を一番大事にしたかったんだっけ？」を思い出してみよう。
- 4つ目は「客観のテスト」。あなたの商売でやっていること、やりたいことを他人に聞いてもらおう。「あなた自身をよく知る人たち」「その業界に詳しかったり、商品を利用する人たち」「経営者、マーケター、クリエイターなどプロの人たち」の3タイプに話せればベスト。

やってるね～
なんのリサーチ？
たべてるだけなんだけど…

3章

客観視で見えてきた商売を言語化する

これかも?と自分の強みが見えてきたら

2章のステップを経て、自分の商売のどの点がライバルと比べて強みとなるかが何となく見えてきたかと思います。この章ではそのまだおぼろげな個性を、言語化していきましょう。

言葉にすることで、その個性が魅力的に他人に伝わるものになり、今後悩んだり迷いが生じたときに立ち戻れる指針にもなります。要するに、「使える」言葉にするということです。

ここでは「うまい文章」を書く必要はありません。自分の想いと強みが正しく伝わる言葉を見つければいいのです。

凝った言葉ではなく、「客観的にお客さんが求めている」「自分にしか書けない内容」を伝えられればそれで十分。当たりさわりのないどの商売でも言えそうな言葉よりも、あなたらしい、あなただからこそ言える言葉のほうが魅力があるはずです。

余談ですが、わたしたち広告制作の人間は、商品の魅力を客観的に伝える一つの方法として広告コピーをつくっています。広告コピーというと、「なんかうまいこと言うやつでしょ」と思われがちですが、それは違います。広告コピーの本質とは、うまいこと言って訴求することではなく、「自分だからこそ言えて、世の中の人が喜ぶメッセージ」を見つけ出すことにあるのです（広告のメッセージのつくり方に興味がある方は、書籍『広告コピーってこう書くんだ！読本』（谷山雅計著、宣伝会議刊）がおすすめです）。

広告のやり方を使って「価値規定」してみよう

話を戻すと、広告やマーケティングの世界では前述のように会社の個性を言語化したものを「価値規定」といいます。やり方は各社さまざまですが、会社全体や商品それぞれのもたらす価値を言葉にしています。そして、それを社員で共有することで、会社・事業の指針として使っているのです。

この本では、客観視で見つけた強みを言語化するやり方として、最もシンプルなシートを用意しました。

わたしたちは、

A 知ってもらいたいお客さま　に対して

B 客観視で見つけた、自分の真の強み・こだわり　でつくった

C 商売の一番の売りとなる商品・サービス　を提供し、

買ってくれた人々に

D その商品があることで生まれる幸せな気持ち　を感じてもらうことを約束します。

E その商品があることでつくりたい世界　を感じてもらうことを目指します。

このシートは、

WHO……どんな人たちをお客さまにしたいのか A
HOW……客観視から見つけたあなたの本当の強みをどう使うか B
WHAT……知られるときに一番注目してもらいたい商品・サービスは何か C
WHY……お客さまにどんな気持ちになってもらい、また買ってもらうか D
……商売を始めたときに何を成し遂げたかったたか E

という商売の存在意義を言語化するためのものです。

2章のステップに沿って自分の強みを見定め、業界の歴史やいまのトレンドを踏まえた上で、A〜D（もしくはE）に入る言葉は何か考えます。なるべく具体的な言葉にするよう意識しましょう（例えば、「喜び」など漠然とした言葉は、「○○な喜び」といったように一歩踏み込んでみるなど）。そして、できたシートをまた人に見てもらって、意見を聞きます。自分の意図したような意見が返ってこない場合もあると思いますが、いったん素直に受け入れてみるのがポイントです。ターゲットが複数いるときは、それぞれのシートを作っていただいても構いません。

言葉が思いつかない欄がある場合は、とりあえず長くてもいいから入れてみましょう。そのあと無駄な部分を省けばシンプルになります。その繰り返しをすることで、客観的に見た自分の強みや、自分自身の考えが整理されていきます。これが企業理念であり、会社がなすべき「ミッション」と呼ばれるものの幹となります。

チーズケーキ専門店「KAKA」の場合

福岡に「KAKA cheesecake store」というチーズケーキの専門店があります。ＳＮＳやメディアでもよく話題になっています。可能な人は、まずウェブサイトを見てみてください。その上で、このお店なら先ほどのシートにどんな言葉を入れるだろうか、と考えてみてもらいたいのです。

ＫＡＫＡの商売のミッションを、先ほどのシートの形に置き換えるとこうなります。

わたしたちは、A チーズケーキ好きな人 に対して
B 3つのこだわりのある原材料 でつくった
C 大人のためのチーズケーキ を提供し、
人々に D 素材を活かしたチーズケーキは美味しいこと
を感じてもらうことを約束します。

ＫＡＫＡの商品やターゲットの決め方自体は斬新というわけではありません。しかし、「素材を活かしたチーズケーキは美味しいと感じてもらう」という約束は珍しいのではないでしょうか。美味しいケーキだから買ってほしいという以上に、素材のチーズの魅力を知ってほしいという想いがあふれています。その上で、作る過程にこだわることで、彼らしいブランドの形ができあがっています。

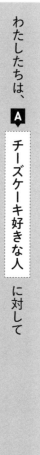

さらに上手なのがサイトづくりです。このお店のネットショップ（https://basekaka.base.shop/ のPC版サイト）のトップに出てくるのは実は商品ではありません。このページでは、「KAKAというお店ができるまでの想い」や「お店としてのこだわり」（商品単品ではなく、商売としての姿勢）がまずていねいに描かれています。商品一覧は、そのあとようやく現れます。

KAKA トップページの「About」

「Feature 3 つの拘り」

普通のネットショップなら、売りたい商品の写真と説明を一番上に置くのが鉄則です。ファーストビューで興味を持たせて、そのままカゴに入れてもらう。でもＫＡＫＡでは、あえてこのブランドをつくろうとした想いや背景を「About」でしっかり伝え、さらに他の商品とは違う自分たちのこだわりをていねいに3つのトピックで説明しています。この説明があることで、他のブランドとは違うＫＡＫＡならではの想いを知ることができます。

オーバーサイズ専門ブランド「10dom」の場合

次はオーバーサイズ専門ブランド「10dom」のケースを見てみます。

全商品100着限定というプレミア性に加え、ブランドのディレクター本人によるTikTokでの発信も含めて人気のファッションブランドです。インタビューの中でディレクターであるタクマさんは次のように語ってくれました。

〝自分の部屋にある洋服や作ってきた服を全部振り返ったら、言葉にはしていなかったけれど、オーバーサイズのものを作っていたし、好きだなということを再確認したんです。ある程度勘ですけど、「オーバーサイズ専門ブランド」って聞いたことないし、売っているところもない、でも需要はあるよなって。そこでコンセプトにして出していくことにしたんです。〟

〝有名人を起用するとその人のファンが買ってくれるけど、自分は洋服を好きな人、服が魅力的だと思った人に買ってほしいから。（中略）「なんでみんなこれ買わないの？」と自分が言えるくらいの服を作れれば、売れなくてもいいという考えになりました。自分がその服を好きであることを大事にしてます。〟

〝トラックジャケットはぴったりがかっこいいとされてるけど、自分は「オーバーサイズでもいいじゃん」と思うし、そういう世界を作りたい。〟

上記を踏まえて10ｄｏｍの企業理念・ミッションを形にするとこうなるでしょう。

わたしたちは、A ファッション好きな人 に対して

B 創業者みずからによる細部のこだわり をつめこんだ

C オーバーサイズ専門の衣服 を提供し、買った人々もその周りの人にも

E オーバーサイズで着るファッションってカッコいいじゃん と感じてもらうことを目指します。

創業者本人が、自分の好きなものを商品にしているだけあって、ポジショニングが明確です。また、自分自身がターゲットでもあるため買う人目線での商品作りに成功しています。

具体的な「知られ方」も独特で面白いので、それについては202ページのインタビューをぜひ参照してください。

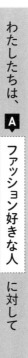

世界的なブランド（スターバックス、ディズニー）の場合

ここで、世界的なブランドの企業理念やミッションを参考に見てみましょう。商売の規模は違うかもしれませんが、お客さんのために何ができるか・何にこだわるか、という基本的な考え方は同じです。

（多少原文から意訳しているところもあるので、あくまで参考程度にご覧ください）

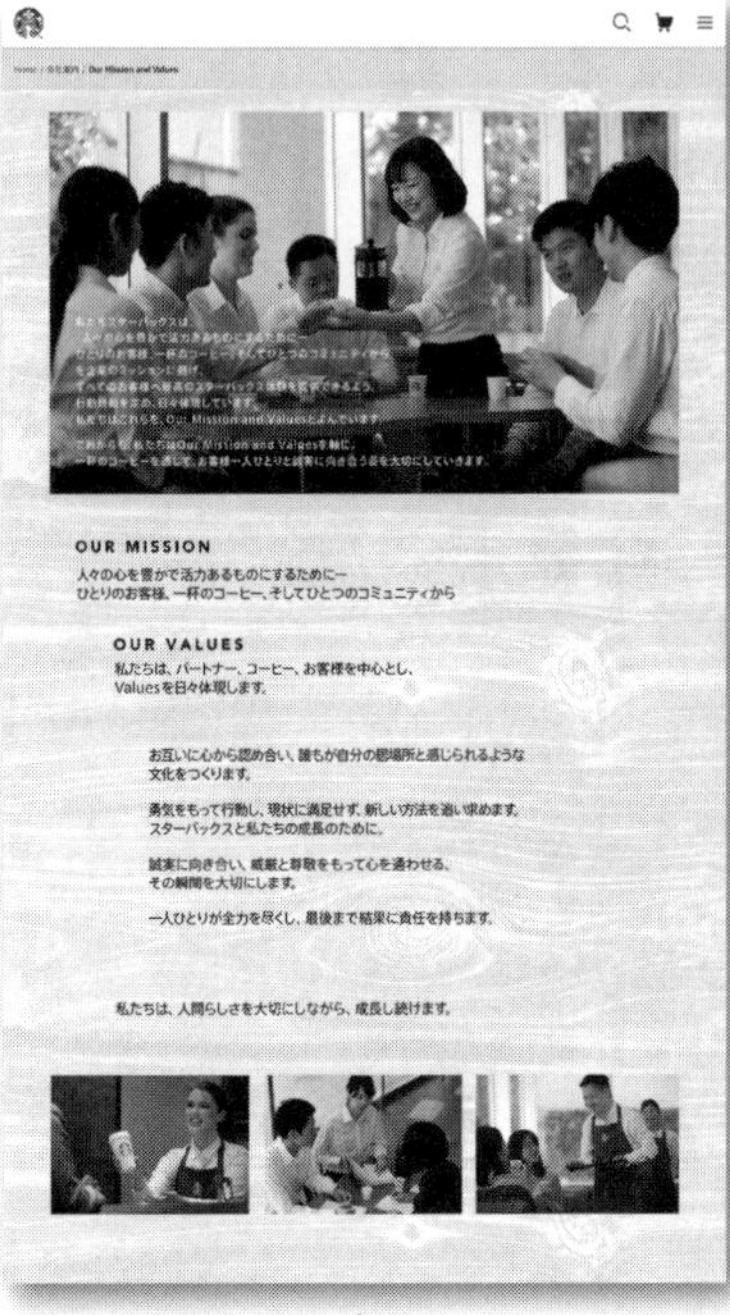

スターバックスのウェブサイト

スターバックスのウェブサイトにある言葉を、先のシートに合わせた形にすると、こんなふうになります。

わたしたちは、**A** **すべてのお客さま・コミュニティ** に対して、

B **パートナー・コーヒー・お客さまを中心に考えた価値** でつくった

C **誰もが自分の居場所と感じられるような文化（サード・プレイス）** を提供し、

買ってくれた人々に **E** **心が豊かで活力あふれる状態** を感じてもらうことを目指します。

ここで注目したいのが、スターバックスはコーヒーの話だけをしていないことです。自分たちのお店を、コーヒーを中心に、お客さんやパートナー（社員や関係者も含めて）のみんなが心を豊かにする「場所」であると定義しています。

家でもない、オフィスでもない、「サード・プレイス」という自分の居場所を提供することを企業の理念に置いています。

あなたの商売も、もしかしたら商品だけでなくそれを超えた何かを提供しているのかもしれません。これまで喜ばれたことや、今好まれているものの背景に、共通する大きなテーマが隠れているかもしれないので、振り返ってみてください。

もうひとつ、ディズニーの例をご紹介します。

こちらも、ウェブサイトにある言葉を、日本語訳しつつ先のシートに合わせた形にしてみます。

ディズニー（ウォルト・ディズニー・カンパニー）のウェブサイト

わたしたちは、**A** 世界中の人々 に対して

B 創造力、革新的なテクノロジー でつくった

C 比類なきストーリーテリング を提供し、

見てくれた人々を **D** 楽しませ、新しい学びを提供し、心動く体験

を感じてもらうことを目指します。

世界中から愛され、映像・アトラクション・本・教育などあらゆるジャンルを持つブランドであるディズニーも、ブランドの幹はシンプルです。

ただ、形容詞に注目していただくとわかる通り「比類なき（unparalleled）」や「革新的な（innovative）」という他との違いを明確に意識した言葉をミッションに入れています。

つまり彼らは、他より優れたものをつくるということを企業の根幹に明文化して刻ん

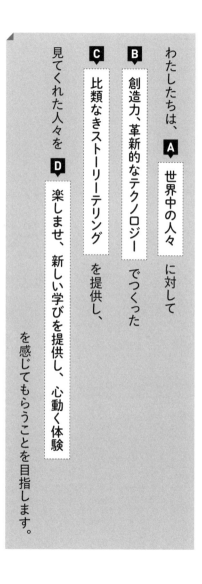

でいることがわかります。よいものをつくるのは当たり前であり、それがライバルよりさらに卓越していることを意識しているから、常にディズニーは素晴らしい作品を世に出せている、と考えられます。

他に比べて商売のこの部分では負けない、という意思を設定するだけでも、あなたの商売はまた違った輝きを持ちはじめるかもしれません。

少し未来の「ありたき姿」を見つめておく

このシートでまとめた言葉は、会社や商売の幹になるものです。幹が太くしっかりしているほど、あなたの商売は枝葉を伸びやかに広げて大きく成長していけるはずです。

そして、それと同時に考えておきたいのが、あなたの商売やあなた自身の未来の姿です。使ってくれる人にどんな未来を約束するか？については先ほどのシートで考えました。ここで考えてほしいのは、「あなたはこのビジネスを続けてどんな存在になりたいか？」ということです。その目標地点があるかないかで、自分たちの商売の進め方やスピードは大きく変わってきます。

例えば、伊良コーラには、「漢方発想でつくられた、身体にやさしい伊良コーラで飲む人を幸せにする」という素晴らしい企業理念・信念があります。商売としての幹も明確だし、こだわりや提供するサービスにも独自性があるので他のブランドとの明確な差別化ができています。

それに加えて、代表であるコーラ小林さんは、ブランドの未来の姿を「コカ・ペプシ・イヨシ」と定義しています。つまり自分たちのブランドを世界のトップコーラブランドに並ぶメジャーな存在にしたいという高い目標を置いているのです。

これがあることで、伊良コーラには特定の人に愛されるだけではなく、より広く世界中の人に愛されるための商品づくりや売り方を考える、という商売の方向性が生まれます。世界のメジャーブランドになるという将来のビジョン（ありたき姿）を置くことで、商売の打ち手が変わっていくのです。

3章まとめ

- 自分の想いと強みが正しく伝わる言葉を見つけよう。他人に伝えたり、悩みが生じたときに振り返る指針にもなる「使える」言葉にしていこう。
- 強みの言語化シートを使って、考えを整理し、言葉をまとめてみよう。
- それと共に、「あなたはこのビジネスを続けてどんな存在になりたいか?」の目標地点についても考えてみよう。

客観視で見つけた自分の強みの言語化シート

ぜひやってみてください

わたしたちは、

A （　　　　）に対して

B （　　　　）でつくった

C （　　　　）を提供し、

買ってくれた人々に

D （　　　　）を感じてもらうことを約束します。

E （　　　　）を感じてもらうことを目指します。

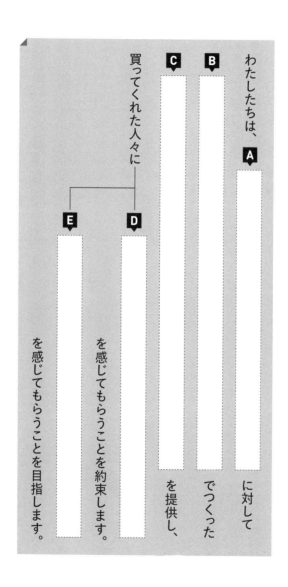

チーズだな〜
なんか食べてばかりですね

4章

あなたのブランドが SNSで知られるプロの技

あなたを知ってもらう場所を決めよう

ここからは、あなたの商売を世の中に知ってもらうための方法について、わたしたちが実際に仕事で使っているメソッドや視点をもとにご紹介します。

先ほどの「客観力」で整理したあなたの強みをもとに、知られるための方法を具体的に考えていきます。SNSでの伝え方をメインにご紹介しますが、基本はメディアや場所を問わず通じるやり方です。

まず自分たちを知ってもらう場所（メディア）を決めます。SNSは初期費用がかからないのでここから始めましょう。

〝映える〟商品やシズルが強みになる商品ならインスタグラム

自分たちの商品を客観視したとき、ビジュアルやシズル（食欲をそそったり、五感を刺激する見た目のこと）が強みになるようなら、ビジュアルコミュニケーション向けのSNSがおすすめ。今だとインスタグラムが代表格です。ファッションやコスメ、見映えする飲食やデザインに興味を持つユーザーが多く、注目されることで商品サイトへのアクセスや購入にもつなげやすいです。

KAKA の Instagram。写真の撮り方・見せ方が秀逸。写真から商品の魅力を引き立てている。

ストーリーの共有や人の個性を売りにするならTikTokなど動画系SNS

商品が生まれるまでのストーリーを見せたり、製作の過程を共有することでファンとの深いつながりをつくったり、店主やスタッフの〝個性〟自体を差別化の武器にして発

大学生が開業したラーメン屋「脳天飯店」。TikTok でお店ができるまでの過程をエピソードとともに公開したり、スタッフ一人ひとりの魅力を紹介することで見る人を巻き込む SNS になっている。

信するなら動画系ＳＮＳが有効です。いまだとTikTokが有名ですし、ユーチューブも同じような使い方が可能です。この場合は、その投稿者自体も商品の魅力の一つとなって、インフルエンサー的な振る舞いをすることになります。

写真も動画もマルチに使える。拡散力を狙うならツイッター

ツイッターは写真、動画どちらにも向いており話題になったときの拡散力は強いです。また、最近ではテレビ番組やウェブニュースもツイッターのトレンドに注目しており、ＳＮＳを超えてメディアに広く伝わっていくケースも多いです。ただし、さまざまなジャンルの面白いコンテンツが集まるＳＮＳであるため、話題になるには埋もれないための工夫が求められます。

ＳＮＳは栄枯盛衰が早いのも特徴です。いま話題のものも、下の世代の人から見るともう古く見えることも。情報収集を行い、新しいメディアが出てきたらとりあえずお手軽にはじめて相性をみることが大事です。鮨ほり川の堀川さんも、やっているうちに楽しくなってきたそうです。

基本編：SNS投稿の基本の4動作を身につけよう

SNSへの投稿で反応を得るためには、いきなり投稿するのではなく、下準備をしてから臨むことをおすすめします。「基本の4動作」、いわば準備体操のようなものです。

①　SNSでのトレンドを見る
②　いいところを言語化（メモ）する
③　自分なりにやってみる
④　①〜③を、続ける

これがあるかないかで、あなたの投稿へのお客さんからの反応（いいね！数などの注目度）がかなり変わってきます。少し面倒くさく感じるかもしれませんが、商売を知ってもらう土台づくりとしてトライしてみてください。

①　SNSでのトレンドを見る

いわばＳＮＳの客観視です。まずは自分と同じジャンルの商品や競合商品のＳＮＳの投稿をとにかくたくさん見ます。そして、話題になっているものや、いいなと思っている投稿をたくさんスクショして溜めていきます。

次に少し幅を広げて、ＳＮＳからおすすめされて出てくる他ジャンルの投稿でも同じようにいいものをストックしていきます。

ここで注意したいのが、自分個人が好きなコンテンツを見るのではなく、商売に関係するかどうかの視点で調べたり検索することです。

ＳＮＳというのはアルゴリズム（表示のための裏側のルール）が高度に発達しており、見ているコンテンツに近いものだけを表示する傾向があります。だから、つい気を抜いて自分が好きなジャンルばかり見ていると表示されるものも似たようなものばかりになって偏る可能性があるのです（フィルターバブルと言われる状態です）。

そのため、場合によってはトレンドチェックするためのアカウントは、プライベートと完全に切り分けてもよいかもしれません。

わたしたちの知り合いのトレンドウォッチャーは、手がけている仕事に応じて複数のジャンルのアカウントを分けて運用しています。その仕事のターゲットになりきってインフルエンサーや企業をフォローすることで、ターゲットに近いタイムラインをつくりあげます。同じSNSでもそれによって集まる情報がまったく変わってくるので、より幅の広いトレンドをつかむことができると言います。

ただし、メディア側のルールによってはアカウントを多数持つことが推奨されない場合もあるので、そういった場合はお店用と個人用で分けるくらいがよさそうです。

② いいところを言語化（メモ）する

①で溜まったものをざざっと見直して、それがなぜいいのか、投稿のどこに惹《ひ》かれたのかをメモしていきましょう。投稿の内容（画像や動画）はもちろん、画像（動画）への言葉の入れ方、投稿されている時間、ビジュアルの作り方や、投稿文の書き方まで、さまざまな視点で発見があるはずです。

いいと感じた投稿には必ず人の関心を引くポイントが入っているので、それを自分なりに解釈して言葉にします。

③ 自分なりにやってみる

その上で、早速投稿の下書きをつくってみましょう。②で気がついた知識ややり方をもとに、自分でやってみる。いいところを参考にしながら、実際に手を使ってやってみる。

あなたらしさや個性というものは、文章の作り方や語尾、写真・映像の撮り方で自然と現れてくるので、まず最初は真似でも大丈夫です。

動画の作り方なども、SNSで検索すると紹介してくれるアカウントや本がたくさん出てきますので参考にしてみましょう。周りに詳しい人がいれば、やり方を教えてもらったり、制作をお願いしてみるのもいいと思います。

④ ①〜③を、続ける

ここが一番大事です。自分のメインとなるSNSプラットフォームを決めたら、常に①トレンドをチェックし、②そのいいところを言語化（メモ）して、それをもとに③実際に投稿を続ける。これをできれば毎日行ってください。

小柄な女性をターゲットとするアパレルブランド「COHINA」は、3年以上毎日インスタグラムでライブ（生配信）を行っているそうです。毎日情報を発信し続けることで、ブランドを支える熱心なファンが多数生まれました。その結果、フォロワー数は23万人を超えています（2022年12月現在）。

COHINA は 3 年以上毎日 Instagram でライブ（生配信）を行っている。

練りに練った渾身の一投稿よりも、何気なく上げた投稿が話題になることも多いのがSNSの世界。毎日続けることで、お客さんの求めていることがわかってきます。少しずつ投稿の腕を上げながら、ファンをゆっくりと増やしていってみてください。

新しいSNSプラットフォームが登場して人気になったり、SNSのトレンドも日々変わっていきますが、プラットフォームが変わってもやることは同じです。**いい事例を知り、言語化し、自分でもやってみる**。学び、自分なりに解釈して実践する、というのはすべての仕事に通ずる部分もありますね。新しいSNSが生まれたときは、先行者になれるチャンスだと思ってトライしてみるのもアリかもしれません。

上級編：SNSで知られるプロの技17

ここから、さらに上級編のプロのメソッドをご紹介します。

わたしたちが企業に向けたSNS提案で実際に使っている中からピックアップしたものです。先ほどご紹介した基本編に加えて、この中からしっくり来るものがあればぜひ使ってみてください。忘れないでいただきたいのが、**まずは客観視が土台にあって、その上にこれらのメソッドがある**というイメージです。あなたが身につけた客観力をもとに判断して、自分たちのブランドにふさわしいやり方にトライしましょう。

では、ここから具体的な17のメソッドを紹介していきます。

1 「Give & Give」で感謝されるアカウントになる

簡単に言うと、見返りを考えずにユーザーのみなさんに参考になる情報やうんちくをたくさん伝え続けるということです。

例えば、ファッションブランドが服の素材の違いによるクリーニングの選び方を教えたり、季節ごとの収納のアドバイスをしたり、飲食店の方がスーパーで季節の食材の選び方を教えるなどです。このやり方は、フォロワーを増やすのにも有効です。

例えばJA全農広報部のツイッターアカウントでは、旬の食材の美味しい料理方法やいい食材の使い方を紹介して人気を博しています。さすが食材のプロは詳しいなと感じたり、それを惜しみなく教えてくれる全農に対する信頼が増すのではないでしょうか。

SNSではついつい自分たちに都合のいい情報や、商品関連の告知ばかりをしがちです。そうではなく、自社商品だけに限らない情報をどれだけ流せるかがポイントです。場合によっては競合他社のものでも素晴らしければ讃える。その姿勢がブランドやアカウントへの信頼を生み出します。

例えば、シャープのツイッター公式アカウント（80万を超えるフォロワーがいる超人気ア

全農広報部【公式】日本の食を味わう
@zennoh_food
とうもろこし、丸ごと茹でる大鍋がないと諦めてる方へ。最後の1層の皮を残してレンチン5分で加熱できますのでお試しを！皮に包まれて蒸される感じになります。ほったらかしでできるのも素晴らしい点。とうもろこしが蒸し上がったときの甘い香りって幸せですね。食後、歯に挟まるのはご愛嬌ってことで。
500Wで5分
午後7:20 · 2021年5月25日
1.4万 件のリツイート 592 件の引用ツイート 3.8万 件のいいね
全農広報部【公式】日本の食を味わう
@zennoh_food
昨年も言ったけどつぶやかずにはいられないことなんですが、ズッキーニは縦に切って焼くとおいしいです。油をひいたフライパンで断面の側を焼き目がつくまで焼いて、ひっくり返したら蓋をして蒸し焼きにすると香ばし＆柔らかく仕上がります。これはもう、私的、3大・夏の風物詩と思っている。
ALT
ALT
ALT
ALT
午後5:25 · 2022年6月22日
1万 件のリツイート 860 件の引用ツイート 4.8万 件のいいね

プロの食材の扱い方を教えてくれる、JA全農広報部のTwitterアカウント。

カウントです）でコロナ禍に投稿された「ふんばる飲食店さんへ」というツイートがあります。

コロナ禍で飲食店への客足が激減したタイミングで、影響力のあるシャープアカウントがユーザーのみなさんから「いち推しメニューとお店の情報」を募集。多くのフォロワーを抱えるアカウントの呼びかけだからこそ多くの投稿が集まり、またその投稿が拡散されることで、たくさんの飲食店の情報が拡散されることになりました。

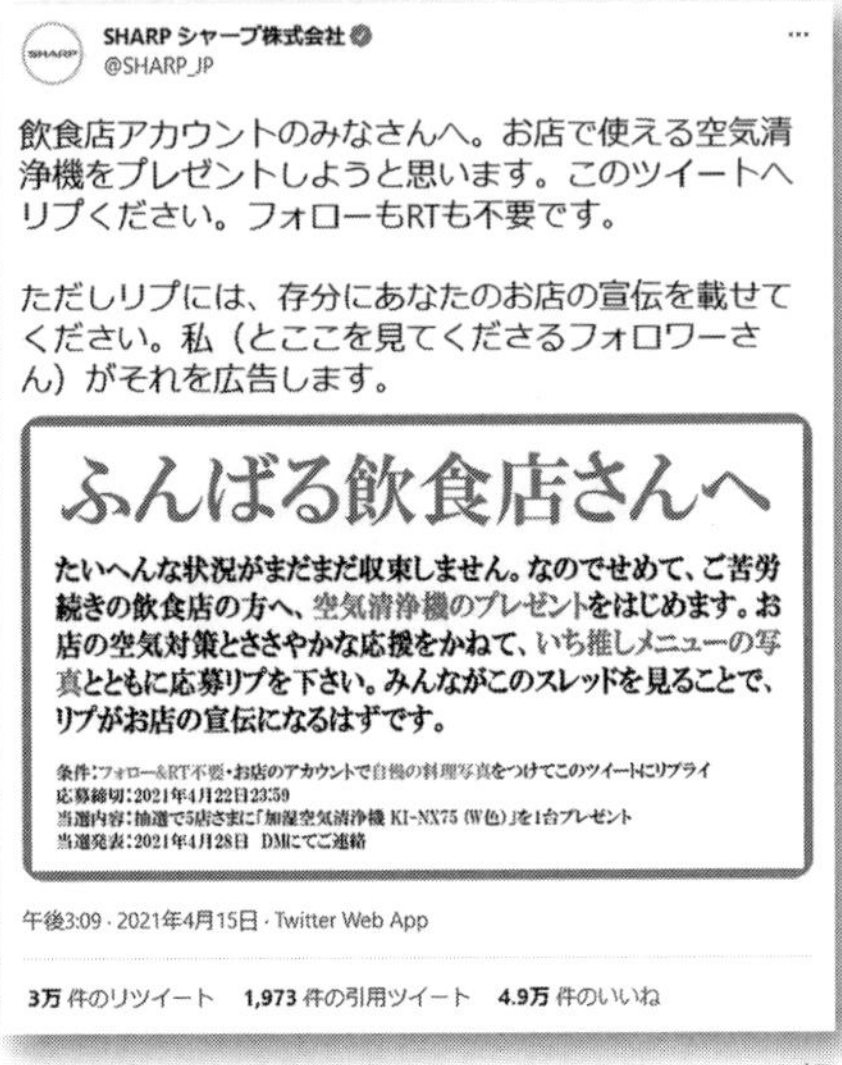
SHARP シャープ株式会社
@SHARP_JP
飲食店アカウントのみなさんへ。お店で使える空気清浄機をプレゼントしようと思います。このツイートへリプください。フォローもRTも不要です。
ただしリプには、存分にあなたのお店の宣伝を載せてください。私（とここを見てくださるフォロワーさん）がそれを広告します。
ふんばる飲食店さんへ
たいへんな状況がまだまだ収束しません。なのでせめて、ご苦労続きの飲食店の方へ、空気清浄機のプレゼントをはじめます。お店の空気対策とささやかな応援をかねて、いち推しメニューの写真とともに応募リプを下さい。みんながこのスレッドを見ることで、リプがお店の宣伝になるはずです。
条件：フォロー&RT不要・お店のアカウントで自慢の料理写真をつけてこのツイートにリプライ
応募締切：2021年4月22日23:59
当選内容：抽選で5店さまに「加湿空気清浄機 KI-NX75（W色）」を1台プレゼント
当選発表：2021年4月28日　DMにてご連絡
午後3:09 · 2021年4月15日 · Twitter Web App
3万 件のリツイート　1,973 件の引用ツイート　4.9万 件のいいね
シャープの Twitter 公式アカウントによる、コロナ禍での飲食店応援ツイート「ふんばる飲食店さんへ」。

さらに、お店への空気清浄機のプレゼントも行うことで、飲食店にとっては知ってもらう機会になり、ユーザーもいい飲食店を知る機会になり、シャープにとっても実は空気清浄機を知ってもらう機会にもなってい

るという、素晴らしい企画でした。

このやり方で大切なのは、自分のためでなく、相手のためになることを思っているか。また、プロが思う「当然」なことを意外と世の中は知らないことも多いので、例えば、商売を始める前の自分が聞いたら驚きそうなこと、喜びそうなことを考えてみるのも手かもしれません。

2 「記念日・タイミング」を活かす

記念日や社会的ニュースと自社商品を連動させた投稿をする手法です。過去のその日の記念的な出来事や、有名人の誕生日・結婚など明るいニュースに連動させることがポイントです。

特に記念日に関しては、日本記念日協会のサイトに日本の毎日の記念日の情報がまとまっており、日付やキーワードで検索できます。

例えば2月1日の記念日から投稿企画を考えると、

「ゆでたまごの日だから、ゆでたまごを使ったコラボメニューを作ってみよう」

「2分の1成人式の日だから、10歳の子どもがいる家族にサービスをしよう」

「資格チャレンジの日だから、自分の持っている資格を使った投稿ネタを考えよう」

など、その日に合わせた投稿を考えるきっかけとなります。

今日の記念日
日付検索
2 月 1 日
キーワード検索
いずれかを含む
すべてを含む
2月1日 (水)
記念日協会認定記念日
ゆでたまごの日
Myハミガキの日
かに看板の日
フレイルの日
ケンハモ「メロディオン」の日
ロゼット「セラミド」の日
神戸プリンの日
プリキュアの日
2分の1成人式の日
メンマの日
仙台市天文台の日
資格チャレンジの日
釜飯の日
LG21の日
あずきの日
琉球王国建国記念の日
ガーナチョコレートの日
その他の記念日
テレビ放送記念日
日本記念日協会のウェブサイトでは、日付やキーワードで記念日検索ができる。

記念日にちなんだビジュアルをオレオで作って投稿する「OREO Daily Twist」。

商売っ気はそれほど出さず、そのときの世の中の気分に寄り添った投稿にするぐらいがちょうどいいと思います。

少し古い事例ですが、2013年にオレオの本社が「OREO Daily Twist」という企画をツイッターで実施していました。これはさまざまな記念日にちなんだビジュアルをオレオで作ることで、日々ファンとの接点をつくった事例です。大変ではありますが、例えばこれを和菓子でやったりしても話題になりそうですね。

3 「時間軸（歴史、過去）」を変える

人は昔をなつかしんだり、意外な過去に驚いたりします。テレビ番組の企画で「昭和」特集があったり、ＳＮＳで「あの頃のヒット商品」とか「なつかＣＭ」が時折話題になることもあるかと思います。

あえて最新の商品ではなく、そのジャンルの歴史的な名商品・原点（原典）を紹介することでも効果を発揮することがあります。

もし歴史が長い会社ならば、当時の商品やメニューを紹介するだけでもよいかもしれません。懐かしむファンの方が「復刻版・デザイン」を求めることもあります（ノスタルジー・マーケティングと呼ばれる手法です）。

例えば、東京・中野にある「不純喫茶ドープ」は実際の純喫茶をもとに、新しいカフェをリニューアルオープン。当時の店の佇《たたず》まいを活かしながらつくられた内装やメニューは、若い人からは「昭和レトロ」として新鮮に捉えられ好評となり、多くのメディアで取り上げられています。

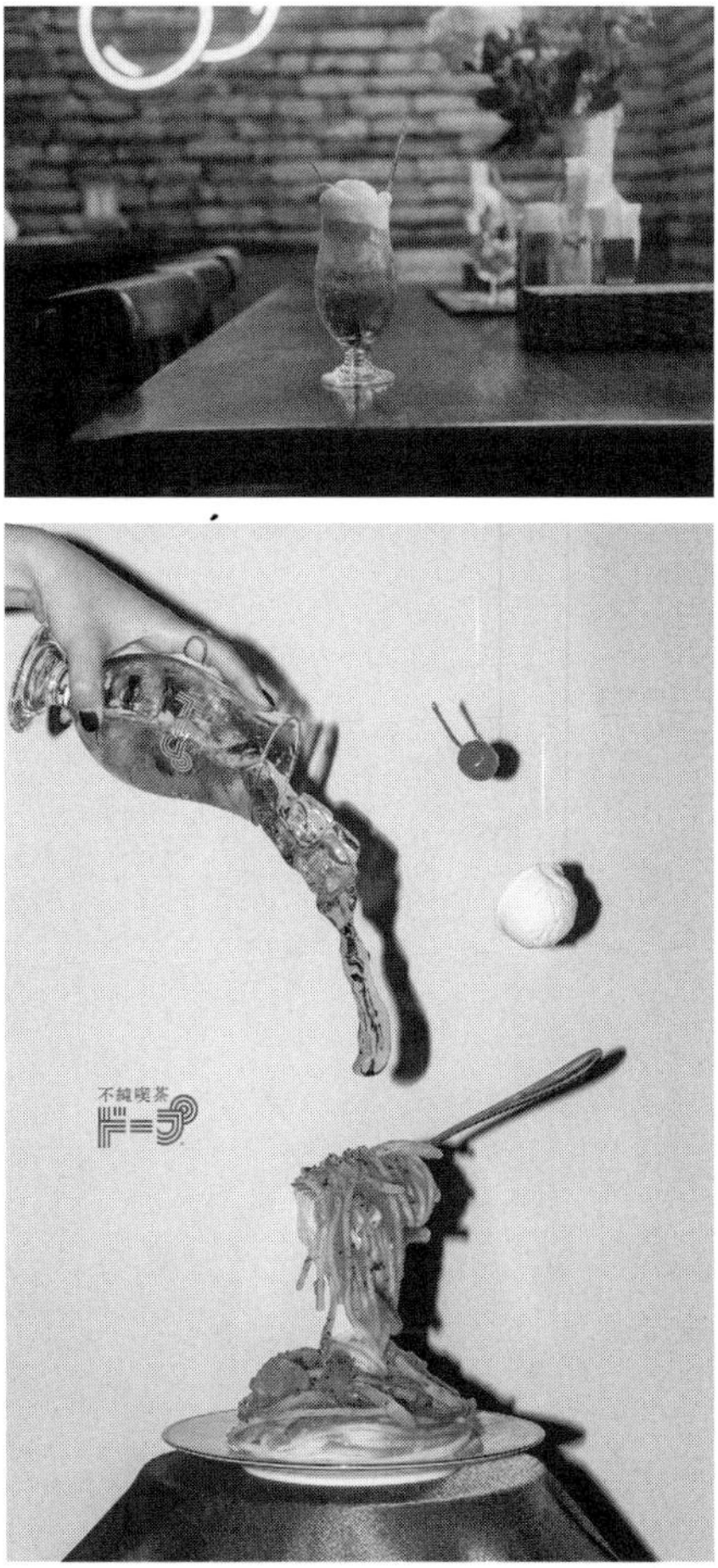

昭和レトロ感が逆に新鮮なカフェ「不純喫茶ドープ」。

このようにあえて昔の雰囲気やデザインを取り入れることで、逆に商品としての新しさが感じられ、投稿としても話題性を高めています。

他にも、ツイッターでは「令和浪漫」というファッションコーディネートも話題になりました。アーティストの日花莉さんが、着物を普段着に着たい人向けに、和装と洋装の組み合わせを絵にして投稿することで、隠れたニーズを顕在化しました。

和装と洋装の組み合わせを提案する「令和浪漫」コーデが話題に。

この方向性では「自分の商売の過去はどうだった？ それが現在、もしくは未来にあるとしたら？」という視点で想像してみることが重要です。特に「過去のあれが今あったら？」と考えることは、人間の「懐かしい」という感情に響かせる有効な手段です。

4 「超絶技巧」を示す

これは技術力が売り・差別化となる商売では特に有効な手法です。見た人が思わず「すごっ！」となるようなものを作り、それを投稿することでその企業や職人が持つ技術の高さを伝えます。

空箱職人 はるきる
@02ESyRaez4VhR2l
トッポの空箱で工作しました！
午後6:44 · 2022年11月5日
2.1万 件のリツイート　546 件の引用ツイート　20.6万 件のいいね

「空箱職人 はるきる」さんの投稿より。

例えば、「空き缶や空箱」を切り抜いて別のオブジェを作るアートなどはツイッターでは何度も話題になっています（「空箱職人 はるきる」さんなどが有名）。

持っている技術を「本業とは少し違う使い方」をすることで、注目を集めます。

この考え方自体は決して珍しいものではなく、伝統工芸などの職人さんがあえてその年の流行のタレントなどをモチーフにものをつくることでテレビに取り上げてもら

人形店「久月」はその年に明るい話題をもたらした著名人をモデルにした「変わり羽子板」を毎年製作し、年末恒例の話題に。

う（それによってその伝統工芸自体がしっかり注目される）アイデアと同じです。

また、ＳＮＳでは時折この手の技巧をユーザーから募集するハッシュタグが話題になります。

例えば、「#俺が作るとこうなる」など。

それぞれの技術の見せ場として、このようなハッシュタグが話題になった際には積極的に乗っかって自社をアピールすることも有効な手段です。

あなたがお持ちの技術で、周りからほめられる・驚かれることがあれば、ＳＮＳで公開してみるのはいかがでしょうか？

5 「モーメント（そのときの話題）」に乗っかってみる

どんな時代にもその時々に話題になる商品やテーマがあります。そこをいち早くつかみ、あえてその流れに乗ることで話題の追い風を受けることができます。

キボリノコンノ
@kibori_no_konno
#俺が作るとこうなる
彫った木に着色をすると生卵になります。
午後7:55 · 2022年10月28日
7,672 件のリツイート　224 件の引用ツイート　9.3万 件のいいね
ひとり展hira
@hirayukihiro
#俺が作るとこうなる
刺繍でペヤング
やきそば
0:30　5.3万 件の表示
午後6:10 · 2022年10月29日 · Twitter for iPhone
573 件のリツイート　24 件の引用ツイート　3,748 件のいいね

Twitter で話題になったハッシュタグ「# 俺が作るとこうなる」。

例えば、カップヌードルのSNSで、スイーツパンの「マリトッツォ」がブームのときにこのような投稿がありました。

カップヌードル
@cupnoodle_jp
今流行っていると聞いて、「マリトッツォ」とやらを作ってみました。
#カプヌッツォ
午前11:30 · 2021年11月22日 · Twitter Web App
3,208 件のリツイート　369 件の引用ツイート　1.3万 件のいいね
スイーツパン「マリトッツォ」ブームに乗っかった日清食品「カップヌードル」の投稿。

SNSコミュニケーションに強い日清食品ならではのジョークですが、この考え方自体はすごく汎用性があります。

話題のものと、予想外な自社商品をくっつけることで、新しいニュースを探しているメディアやＳＮＳユーザーがこぞって話題にしたくなるきっかけをつくっています。

また、音楽配信サービスなどを定額利用できる「サブスク」が話題になったときに、さまざまなジャンルでサブスクが展開されました。ラーメン、スーツ、日本酒、ファッションなどさまざまなサブスクがブームを背景に現れ、そのつど話題になりました（最近でもランドセルのサブスクが登場するなど、継続的にサブスクサービスが生まれています）。

まずは小さく始めて、自分たちの市場に合っているか様子見をするのもいいでしょう。

「野郎ラーメン」もサブスクリプションを開始して話題に。

6 「製作過程のエンタメ化」

完成した商品の裏側にあるこだわりや努力の過程を伝えることで、ブランドのことを深く知ってもらうアプローチです。一つひとつの仕事に対する驚きやリスペクトを生み出し、その努力に対してファンが生まれるきっかけとなります。

ポイントは、いかにその過程をエンターテインメントとして見せられるか。どの部分がユーザーにとって魅力的に映るかの客観視が必要です。

この方法はもちろんインスタグラムでも可能ですが、最近は動画、特にTikTokでのアプローチが生まれています。

例えば、ファッションブランドの「10dom」。

100着限定のオーバーサイズブランドをBASEで販売するブランドですが、その告知・流入はほとんどがTikTokからです。

22歳（2022年12月現在）のブランド創業者のタクマさんが商品づくりで試行錯誤する様子をTikTokで公開し続けているのですが、そのリアリティある映像がブランドのファンのみならず多くの人から共感を集めています。生地選びやデザインが思った通りにいかないときや、自分のこだわりの高さゆえの衝突、撮影の裏側などをすべて出すことで、いつの間にかそのブランドの（タクマさん自身の）ファンになってしまう理想のコミュニケーションです。

10dom の TikTok アカウント。

製作のリアルな裏側を公開している。

また、最近ではクラウドファンディングの手法を使ってお客さんを集める人も増えました。自分たちが世の中に出したい想いや製作過程を全部公開することで、お客さんを買い手ではなく「サポーター」として巻き込みます。

この手法では、例えばドキュメンタリーとして自分の商売が放映されるとしたらどんなストーリーになるだろう？　と考えながら文面をつくったり、行動をしてみるとうまく行きやすいです。

7 「ネーミングインパクト」で注目度アップ

商品のネーミングやキャッチコピーも、コミュニケーションにおける重要な要素です。面白い言葉づかいをしたり新しいネーミングをすることで、今までにない広がりや共感を生むことができます。

例えば、「人をダメにするソファ」は無印良品をはじめとする各社が販売する微粒子ビーズ入りクッションの愛称です。

メーカーが言いはじめたものではなく、ユーザー発の言葉ですが、この名称のおかげで商品群の注目度が一気に高まりました。

「ほぼカニ」はカネテツが発売している、まるで本物のカニのようにほぐれるカニ風味かまぼこです。技術力が素晴らしいのはもちろんですが、この正直な言い切りが人の行動を生み出しています。というのもSNSをのぞくと、食べた人たちが「ほぼカニ食べたら、ほぼカニだ」と言っているのです。みんなが言いたくなる名前をつけてみるとい

無印良品「人をダメにするソファ(正式名称:体にフィットするソファ)」。

カネテツのカニ風味かまぼこ「ほぼカニ」。

うのも手です。

また、最新の時代性を感じさせるワードを組み込むことで、カテゴリー内での差別化を行うやり方もあります。

例えば鹿児島のコワーキングスペースの「coworking space necohara」は〝猫に仕事を邪魔されるワーキングスペース〟というコンセプトでカフェをオープン。

農業姉妹
@tfy0411
ネコハラを体験できるコワーキングスペース、
coworking space necoharaをオープンしました。
なぜ猫カフェにしなかったかというと、猫カフェは人間のための施設なんだけど、ネコハラは猫のための施設にしたかったから。
ネコハラを受けたくて来店するなんて酔狂な人は芯から猫好きに決まってますから。
午後7:29 · 2022年10月28日 · Twitter for iPhone
2万 件のリツイート　970 件の引用ツイート　6.4万 件のいいね
ネコハラスメント＝ネコハラ体験ができる「coworking space necohara」。

　猫に仕事を邪魔されることを楽しむという意味で「ネコハラ」という概念を掲げ、多くのネコ好きから熱い支持を集めました。

　この方向でやる場合は、あえてネガティブな言葉と商売をくっつけてポジティブになるか試してみるのもいい手かもしれません（もちろん言葉の使い方には細心の注意が必要です）。

また、新聞やウェブニュースの見出しを毎日見て、そこに載ったとき面白そうか？という視点で自社の商品・サービスを見つめ直してみましょう。

8 「やりすぎ」で突っ込まれる

ＳＮＳで反応されるには、人の感情の何かを刺激する必要があります。そのシンプルな方法の一つが「やりすぎる」ことです。

「大きすぎる」「小さすぎる」「早すぎる」「難しすぎる」…など何かを極端にすることで注目を集めます。ここで重要なのは、「見たり聞いたりしてわかること」にすること。「おいしすぎる」や「臭すぎる」だとなかなかわからないので、ＳＮＳでもすぐに伝わり、広がっていくようなビジュアルや映像づくりが必要です。

そのような「やりすぎる」商品やサービスは、ユーザー側が積極的にＳＮＳにアップしてくれます。テレビでも大盛り特集は人気ですよね。

この「極端にする」というのは、リアルな商品があるものだけに限りません。

例えば、ＳＮＳでは方言ネタがよく話題になります。青森の方言を話す女性ふたりの会話が韓国語に聞こえるという投稿がTikTokで話題になりましたが、このようにある場所では普通なことがＳＮＳ上では新鮮に見えることは多くあります。

SNSで青森県の情報発信をする津軽弁ガールあんなさんの投稿。

このようなバズを見かけたら「自分だったらどんなことができるかな」と考えてみる習慣をぜひつくってみてください。「うちの店の注文の専門用語が意味不明」や「社内の隠語が面白すぎる」など、いろいろと拡張方法はありそうです。

「いまやっていることを極端にしてみるとどうなるか？」の視点を常に持って見ることがポイントです。

9 「自虐」で共感・応援獲得

これは主にツイッターで力を発揮する方法です。

自分たちのコンプレックス、失敗（もちろん常識の範囲内かつ、商品のイメージ自体を損なわない内容で）を素直に伝えることで共感や応援を得るものです。

例えば、森永乳業のピノはアーモンド味を販売する際に北海道限定の広告で「また売れなかったらどうしよう」というメッセージを出しました。

その内容は、ピノが以前アーモンド味を単体で北海道でテスト販売して成功しなかった暗い過去を

森永乳業「ピノ」の新聞広告。

伝え、そこから出た「また売れなかったらどうしよう」という担当者の率直な不安を伝えるものでした。この気持ちに共感した北海道の読者がＳＮＳにツイートしたところ、それがＳＮＳを通じて全国にどんどん広がり、販売のタイミングで大きな注目を集めることに成功しました。

この投稿が引き出した感情は「がんばれ、大丈夫だよ」という人間のやさしい応援の気持ちです。大手企業の有名商品があえて誠実なトーンで悩みを告白することで、読んだ人も真摯《しんし》にその声に応え、バズが生まれました。

自虐は一歩間違えればマイナスイメージを与えたり、愚痴っぽい印象を与えることにもなるので、使い方は要注意です。あくまで「応援したくなる」見え方になるように、客観視でチェックしてください。

また、赤城乳業が「ガリガリ君」の値上げを決めたときの広告も大きな、しかもポジティブな話題となりました。25年ぶりの値上げ（25年も価格を維持したのがそもそもすごいですが）の際に、その情報を伝えるＣＭを流しました。なんとそこには会長以下社員のみなさんが頭を下げてお詫びする姿が。このＣＭは大反響となり、ＳＮＳでは値上げをむ

赤城乳業「ガリガリ君値上げ」CM。

しろ肯定的に捉える論調まで生まれました。実際に値上げ初月の売上げは前年比10%増ということで、逆に売上げアップになったそうです。

「自分の商売で愚痴をこぼしたり、お詫びしたい部分はあるか？」

その上で、

「その部分をさらにカバーする魅力があるか？」

それらの視点を自ら持ち、最終的にあなたの商売がチャーミングに見えるならば、この手法にトライしてみてもよいかもしれません。

10 「偏愛」で驚かせる

話題になるコミュニケーションの一つに強すぎる愛＝「偏愛」があります。

何かを好きすぎて、何かを「やりすぎて」しまうことへの驚きです。

言い換えると、

「自分の商品そのもの、もしくはジャンルへの強すぎる偏愛」

（自社のものを愛しすぎているがゆえに、何にでもつなげてしまう）ともいえます。

例えば、青森県が運営する「まるごと青森」というSNSがあります。

青森の特産品や観光地を投稿する際の、「愛が強すぎる」ゆえのさまざまな投稿がバズっています。

青森のりんごやマグロというのは誰もが知っていて当たり前すぎて、SNSでは逆に話題にはなりづらい。だからこそ「りんごが好きすぎて見分けられるのが当たり前だよね？という前提でロボット判定をしてくる」投稿（左ページのA）や、「りんごが好きすぎる青森県では、すべてのものをりんごにしてしまう」というアイデアで実際にりんごの皮風のマフラーを作った投稿をしています（B）。また、ネイル好きの担当者がネイルが好きすぎてマグロデザインをつくったことから始まった投稿もあります（C）。いずれも、SNSという舞台で「組み合わせのギャップ」が生活者の驚きとなって拡散に

B. りんごの皮マフラー

まるごと青森
@marugotoaomori
りんごの皮をモチーフにした
『 #りんごの皮マフラー 』を作ってみました。
#青森 #りんご
午後0:01 · 2021年3月16日 · Twitter Web App
1.9万 件のリツイート 901 件の引用ツイート 7.6万 件のいいね

C. マグロネイル

まるごと青森
@marugotoaomori
3月16日は #トロの日！ ということで、大間のまぐろをイメージした「マグロネイル」つくってみました！
#青森 #青森の本気 #マグロ #大間まぐろ #ネイル
午前11:00 · 2020年3月16日
1万 件のリツイート 196 件の引用ツイート 2.2万 件のいいね

A. 青森版「私はロボットではありません」

まるごと青森
@marugotoaomori
青森版「私はロボットではありません」画像選択の画像です。
ふじ
の画像をすべて選択してください。
すべて選択し終わったら[確認]をクリックしてください。
確認
午後0:02 · 2021年2月25日 · Twitter Web App
4万 件のリツイート 5,472 件の引用ツイート 13.7万 件のいいね

まるごと青森 SNS より。

つながっています。

このような「偏愛」事例はツイッターなどで「好きすぎてつい」などのワードで投稿されていることが多いので、ぜひ検索してみてください。

「すきあらば話してしまうような好きなものか？」

「勢いにまかせて文章にしてみたときに面白くなるか？」

この2点を意識しながらトライするとよいかもしれません。

11 「自分たちが損してもお客さんにメリットがある」ことを正直に伝える

これは、シンプルに「言いづらいし、自分たちは損するかもしれないけれど、本当のことを伝える」ということです。

例えば、八百屋で値段が高いほうの野菜を買おうとしたときに、

「そっちも悪くないけど、いまの季節はこっちの産地のほうが安くて美味しいよ」

と言われたらどう思いますか？　きっと八百屋さんのおすすめに従いますし、何よりそのお店への信頼感が一気に高まると思います。

本当にお客さんのためになることを突き詰めて実行することで、信頼感を高め、誠実だと感じてもらうことにつながります。

例えば、養生テープのパイオランテープがツイッターで「養生テープの好きなところ・嫌いなところ（改善してほしい）を教えてください」と募集したところ、３０００を超えるさまざまな意見が集まりました。そのほとんどの意見や悩みがすでにパイオランテープにある商品で解決できるという回答だったため、そのことがネットで大きな話題になりました。

その中で注目だったのが、「貼った後に剥がしやすい出っ張りがあるものとかないですか？」という質問に対して、「弊社にご用意ありません。が、他社には…『ドライエッジ　養生テープ』と検索ください」と答えたことです。自社のツイートでかつ、これだけ話題になっている中であえて正直に他社の商品を紹介する。その誠実さが、他の回答に対する信頼性も高めました。

養生テープのパイオランテープの投稿より。

他にも、環境に配慮した商品づくりをするパタゴニアがＮＹタイムズ紙に出したこんな新聞広告があります。「DON'T BUY THIS JACKET（このジャケットを買わないで）」。ブラックフライデーというアメリカ最大のセール時期に、あえて「購買はよく考えてから」とセールによる衝動買いを見直してもらうメッセージを出したものです。企業としては売れてほしいという思いはありつつ、環境負荷を考えた上で「本当に必要とする人だけが買ってほしい」というメッセージを出したことで高い共感を集めました。

相手のことを想った上で正直に言いたいことはあるか？　この視点を持つことで、SNSでお客さんから信じられるブランドになります。

DON'T BUY THIS JACKET
patagonia

パタゴニアがブラックフライデーのセール時期に出した広告。

12 「逆張り」をする

あえて流行や最近のトレンドとは逆のことを提案したり、サービスを提供するやり方です。先ほどのパタゴニアの広告は、ブラックフライデーによるセールというトレンドへの逆張りでもあります。

世の中には定期的に何かのブームが訪れますが、そのブームに全く乗れず、肩身の狭い思いをしている人も必ずいます。

あえてブームの「真逆」の行動をするこ

とで、少数派となった人々からの支持を集める方法です。

商品イメージへの逆張りというやり方も。「Liquid Death（リキッドデス）」というインパクトある名前の飲料があります。しかもパッケージはドクロ。どんな恐ろしい飲み物かと思ったら、なんと中身はただの水。水といえば健康や清涼感で押して行きそうな中で、完全なる逆張りです。

ただ、注意したいのは意味なく逆張りをしたのではなく、メタルやハードロックの配信者や、バーなどでペットボトルの水を飲むのってダサいよねと思う人がいるのを踏まえて、彼らが飲みたくなる水という狙いを定めた逆張りであるということです。

名前は「Liquid Death」だが中身はただの水。

この方法は、世間の流れに対して、ちょっと違うんじゃない？と感じる気持ちが大切。世の中の全員がブームになっているものに賛同していることは絶対にありません。そこにチャンスがあります。あなたの商売に対する客観的なイメージの真逆を考えてみたり、時代に逆行するポジションを獲得することを狙ってみましょう。

効率が大事っていうけど、逆に非効率にしてみたら？ サウナが流行ってるけど、あえてのシャワーに着目してみたら？ ラップが流行ってるけど、あえて民謡で何かやるなら？ などと考えてみて、あなたの商売の知られたい部分と掛け合わせてみると何かが生まれるかもしれません。

13 「1対1のコミュニケーション」で関係性を深める

ＳＮＳの投稿に反応してくれた人にさらに返事をしたり、逆に困っている人をＳＮＳで見つけたら自らその解決に乗り出す、アドバイスをするなど、個人間のやりとりを通じて関係値をつくっていくやり方です。

お店とお客さんの関係を超えて、人と人の関係を生み出すことで、ＳＮＳ上で共感や話題を集めることがあります。

少し特殊な事例ですが、日産自動車の「シーマ・レストア」の事例をご紹介します。

発端は、女優の伊藤かずえさんのこのツイートでした。

伊藤かずえ
@SaryYuu
シーマに乗り始めて今月で30年
今日一年点検してもらったら日産スタッフの方におめでとうございます🎉とお花を頂きました。ありがとうございます😊
NISSAN
お客様専用 P
午後2:44 · 2020年10月3日 · Twitter for iPhone
1万 件のリツイート 1,142 件の引用ツイート 5.3万 件のいいね
きっかけとなった女優の伊藤かずえさんの投稿。

一台の車を愛するこの想いがSNSで大きな話題に。
そして、それを見た日産自動車の公式アカウントが正式に伊藤さんのシーマをレストア（復元・復活）することを発表しました。

このレストアの様子を日産自動車がつどツイッターで公開。

旧車が元のデザインの美しさはそのまま、レストアされていく様子を多くのファンが毎回称賛し、話題となりました。

このムーブメントはＣＳ放送で番組化されたり、レストア完了時には銀座のギャラ

日産自動車株式会社
@NissanJP
【 #シーマレストア 1 】
この度、日産自動車は正式に伊藤かずえさんのシーマをレストアさせていただくことになりました。
#日産 #伊藤かずえ
午前9:50 · 2021年3月17日 · Twitter Web App
8,197 件のリツイート　1,340 件の引用ツイート　2.7万 件のいいね

日産自動車のアカウントでは、レストアの様子をつど公開。

リーに展示されて、多くのメディアやファンが集まりました。

このように、たった一人のコアファンの想いにていねいに答えることで、そのブランドの想いが外にどんどん広がっていくことがあります。

ただし、何気なくつぶやいているユーザーに急に絡むと、相手によってはびっくりする可能性もあります。できるだけていねいにアプローチしましょう。

フランスのバーガーキングが行った「BURGER KING-JOYEUX NOËL SULLYVAN（メリークリスマス、サリバン）」。

他にも、フランスのバーガーキングが行った施策「BURGER KING-JOYEUX NOËL SULLYVAN（メリークリスマス、サリバン）」も話題となりました。バーガーキングのFacebookアカウントに毎回コメントをくれる1人のファンのために、クリスマスプレゼントと言って店をプレゼントのように飾り付け、駐車場にも専用の枠を作ったりして招待したのです。

その様子を見た人たちは、バーガーキングを愛しているとブランドもそれを見てくれているのだと、より愛する気持ちを強めたはずです。みんなを向くのでなく、あえて少数の熱い人に向き合うことでブランドがよく見えるいい事例です。

14 「質問する」ことで多くの声を集める

SNSでの投稿はアピールするだけではなく、みんなの声を集めることにも活用できます。

例えばツイッターではアンケート機能を使えば簡単な調査ができるので、新しいデザインや新商品の味に迷ったときに、フォロワーの人に聞くこともできます。その際、プレゼントや特典をつければますます多くの人が参加してくれます。

例えばカルビーの「じゃがりこ」は、新しい味をツイッターのアンケート機能の投票をもとに決めました。このような参加型の取り組みで製品開発をすると、販売前から期待値を高め、ファンをつかむことができます。

また、その方法のより大規模なバージョンとして、社会的なテーマについて意見を集めることで注目を集める方法もあります。

例えば、P&Gのヘアケアブランド「PANTENE」は、髪型に関する校則への疑問を世の中に投げかけたところ、2万件以上の投稿が集まりました。

これらの声をもとに実際に学校関係者・保護者・当事者の間でこの問題を一緒に話し

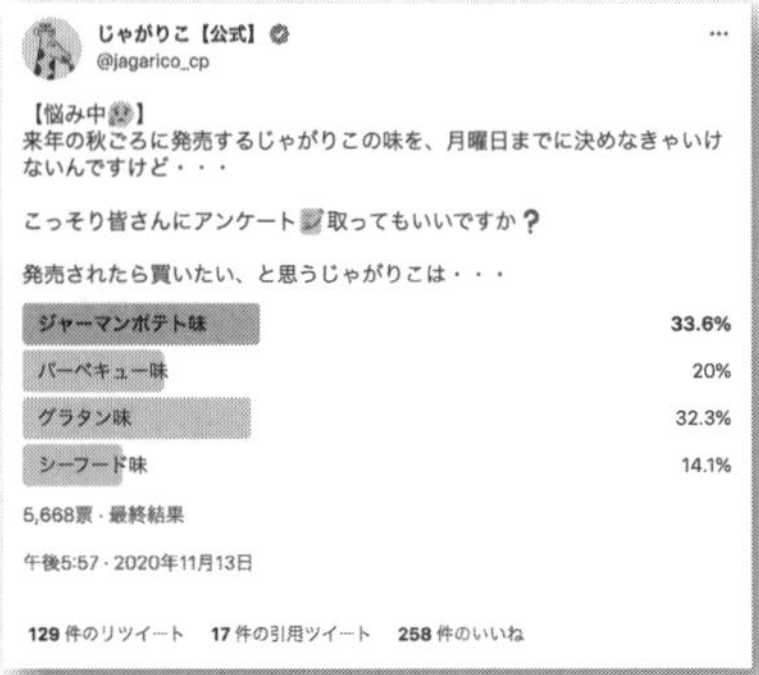

「じゃがりこ」は新しい味をTwitter投票で決めた。

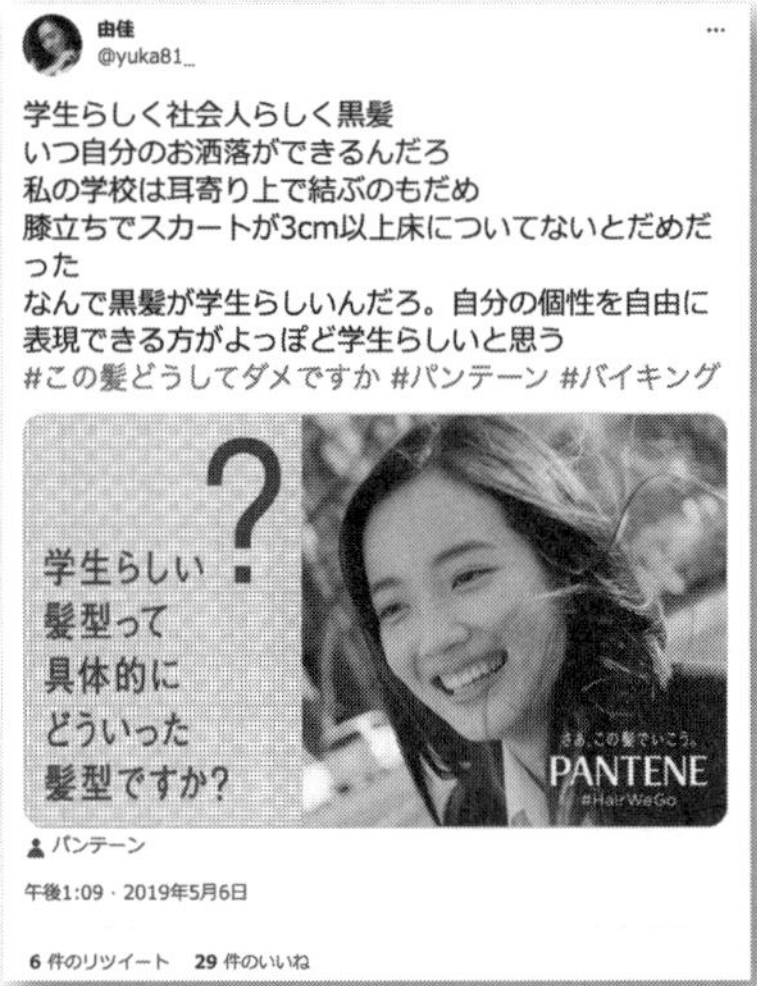

「PANTENE」からの投げかけに多くの人が反応した。

合う機会などをつくり、さらに教育関係機関にもアプローチ。その結果、「生来の頭髪を一律に黒染めするような指導は行わない」との都の方針が出るなど、社会的な影響を与えることにつながりました。

すべての商売や商品は必ずなにかしらの形で社会とつながっています。だからこそ、その根幹のテーマや課題を考えるアプローチが最近増えてきています。

この事例ほど大きな社会運動にすることはなかなか難しいかもしれませんが、ＳＮＳは強い想いがあれば共感してくれる人は現れます。あなたが商売を通じて実現したくて、みんなの力が欲しいことがあったら投げかけてみてはいかがでしょうか。

15 「嘘のないHELP ME」を発信

本当に困っている人には、ＳＮＳは実はやさしい場所だったりします。

例えば誤発注や、注文のドタキャンによる食材の余り。

２章で紹介した「鮨ほり川」さんが「予約がゼロ」というツイートから一気に人が集まったように、困った状態を素直に投稿することで、心配した人たちが助けに来てくれることがあります。

古い広告事例でも、「余ってしまったカーテン生地がたくさんあるので処分を手伝ってくれ（買ってくれ）」という新聞広告が話題になったという記録もあるくらい、普遍的なやり方です。

ただし、このやり方が通じるのは1回だけと思った方がいいです（何度もピンチが起きると、やらせを疑われます）。

16 あえての「引き算」で逆に目立たせる

これはちょっとレベルが高いのですが、「あえてシンプルにする」というやり方です。普通なら、言葉や画作りを頑張って注目を集めるところ、それをしないことでその特徴が際立つという考え方です。

例えば、毎日にぼしの画像だけをアップするインスタグラムのアカウントが話題になりました。特に説明もなくにぼしの画像だけ。語らないことでむしろ興味が掻き立てられます。ちなみにサイトではにぼしグッズを販売しています。

また、少し趣旨が異なりますが、ツイッターにほぼ毎日「タコさん定食」の食事写真をアップし続けて話題を生み出した例もあります。普通なら豪華だったり見映えのいい食事を見せる人が多いSNSにおいて、毎日毎日、しかもかわいらしい「タコさんウィンナー」を食べ続ける独自性が目を引きました。

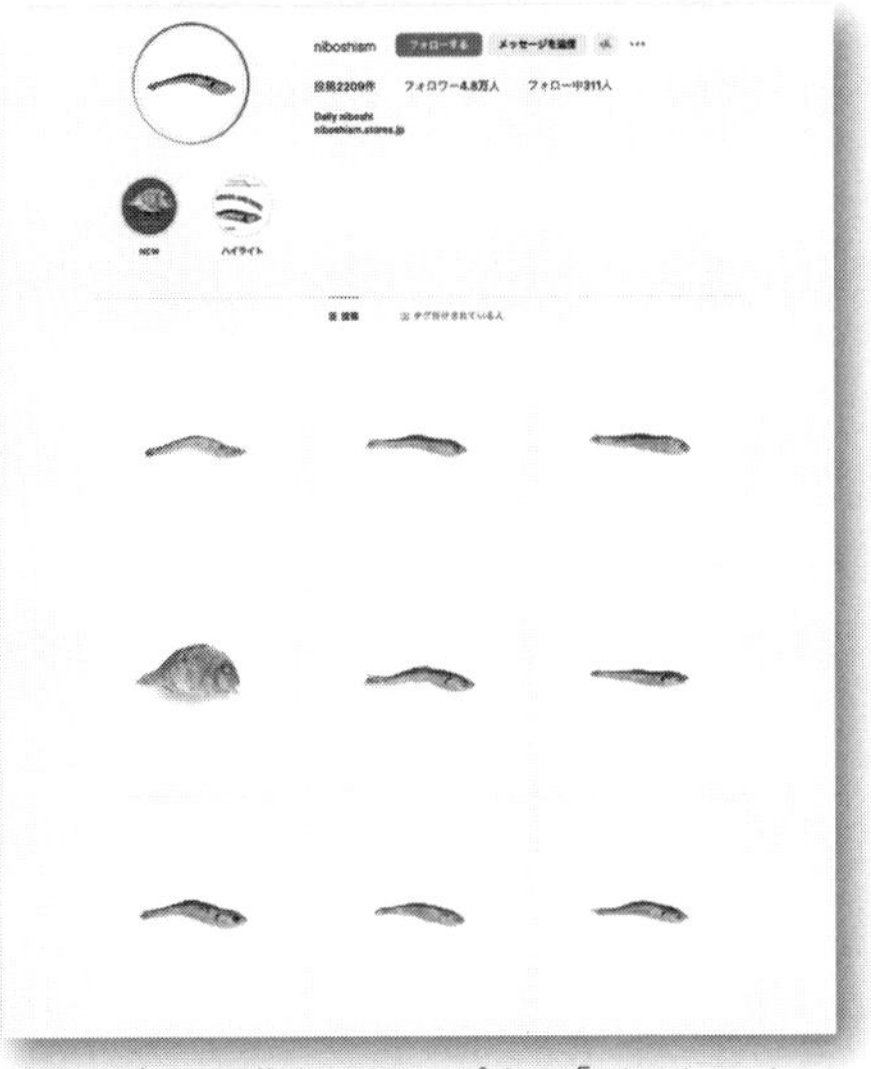

毎日にぼしの画像だけをアップする「niboshism」。

幸男
@yukio_negi
今日はタコさん定食を食べました。おいしかったです。
午後7:06 · 2022年10月20日
3,565 件のリツイート
721 件の引用ツイート
6.1万 件のいいね

毎日「タコさんウィンナー」を食べ続ける幸男さんのアカウント。

これらは「盛る」ことが常識のＳＮＳで、あえて常識の逆をいくシンプル方向に舵を切ることで話題を集めようとする発想です。大事なのは数です。日々やり続けることが重要です（それでも話題になる可能性は高いとはいえないという意味で、ハードルは高めです）。

17 「コラボ」する

もしあなたが個人的・仕事上のお付き合いがあり、互いにＷｉｎ－Ｗｉｎな関係を築ける相手がいるなら、コラボレーションを仕掛けるのは話題づくりには有効な方法です。コラボ相手を決める際は、「知名度よりもコアファンの多さ」が重要です。コラボマーケティングとして多くの手法が研究されていますが、ここでは、「ギャップづくり」と「地元コンテンツ」の2つをご紹介します。

「ギャップづくり」は、あなたの商売とジャンルが大きく異なっていたり、予想外の見え方をする相手とコラボすることで、キャッチーにする手法です。

この本のテーマである「いい感じに知られる」という観点からは、話題性があり、かつあなたのブランドにとってプラスになるコラボ先を選ぶことが重要となります。

海外の事例ですが、例えばビールブランドのハイネケンが靴メーカーのTHE SHOE SURGEONとコラボした「Walk on beer.」は、なんと靴のソールにビールが入った不思議なコラボ。ビールが好きすぎて一緒に歩きたい?という超コアファン向けの話題づくりアイテムです（栓抜きも内蔵されているなど、気が利いています）。

ハイネケンは靴メーカーの THE SHOE SURGEON とコラボ。

日本でもたくさんのコラボ事例がありますが、ギャップという観点でご紹介したいのが和菓子風デザインの「南部鉄器」。

コラボから生まれた和菓子風デザインの南部鉄器。

日常生活の中に南部鉄器を入れるためのアイデア商品として、南部鉄器工房の及冨さんとインスタグラムで暮らしの発信をする主婦のゆきこさん（@yuco55_）のコラボから生まれました。

南部鉄器と聞くと、伝統工芸のイメージで若い人にとっては遠く感じられたり、やかんなど限られた商品のイメージがありましたが、ゆきこさんとコラボすることで、南部鉄器の技術を使った身近な商品が生まれました。このように、新しいユーザーと出会うための商品開発をコラボで進めるのは有効な方法です。

続いて「地元コンテンツ」。地元出身のクリエイターや企業とのコラボを進める方法も、SNSでは有効です。

例えば『進撃の巨人』の作者、諫山創《いさやまはじめ》さんの出身地の日田市は、『進撃の巨人』とコラボした企画・商品開発を地元ぐるみで実施しています。

まずは地元のダムを壁に見立てて、キャラクターの銅像を建立。さらにそこにスマホをかざすと巨人が現れるARの仕掛けを開発。ファンがゆかりの地を訪問するきっかけを作った上で、地元商店街の各店舗でコラボアイテムを一斉につくり、訪れたファンを楽しませました。

ここまでの規模のコラボはなかなかハードルが高いですが、もし自分たちの地元が有名コンテンツのモデルだったり、クリエイターがいるならば、コラボを積極的に行うことで他にはないコンテンツを生み出し、話題を仕掛けられます。相手にとってのメリットやモチベーションも考えながら、可能性を探るところから始めましょう。

『進撃の巨人』の作者、諫山創さんと出身地の日田市のコラボ。　© 諫山創／講談社

© 諫山創／講談社
©T&S Ltd.

もう少し身近な「地元コンテンツ」コラボとしては、黒部ダムの長野県側の玄関口である大町市の「黒部ダムカレー」があります。

これは、ご飯をダムに、カレーをダム湖に見立てたカレーライスです。黒部ダムカレーにはオリジナルルールが決められており（次ページ参照）、このルールを守れば市内でさまざまな飲食店が提供できるようになっています。

こうして、市内の飲食店をどんどん巻き込みながら、話題化と観光名物化を両立しました。このルールの存在が、クオリティを担保しながら広がりを生む上でポイントになっています。

アーチ式ダム
（ライス）
ダム湖
（カレールー）

カレーのルーは必ず堰堤の外側に流し込むべし!
お米を堰堤の形にするべし!
カレーのルーの上にガルベ（遊覧船）に見立てたトッピングを乗せるべし
必ず水をつけるべし!
料金は700円以上とするべし!

「黒部ダムカレー」。守るべき５つの掟が定められている。

コラボ施策では、気になるブランドがあったら、まずは連絡してみる行動力が大事です。お互いが持っていない魅力を補完し合う形で組めれば、新しい魅力をつくることにつながります。

SNSは人間の感情そのものであると考える

SNSと、テレビや新聞やラジオなどといったマスメディアとの一番の違いはなんでしょうか？　それは「リアクションできる」ことです。そしてSNSのアルゴリズムはリアクションが多いコンテンツを、他の人にもリコメンドします。それがいわゆる「バズ」というものです。

ではどんなものがリアクションされやすいのでしょうか？　それは「人間の感情を一定以上に刺激する」ものです。「新しい」「おもしろい」「すごい」「みんなに知ってほしい」「怖い」「助けてあげたい」「わたしも」「がんばれー！」「なんでやねん」「ありがとう」「わたしはこう思う」「なつかしい」「応援したくなる」「ツボwww」など、このような人間の感情が高まる投稿を見たときに人はいいね！を押したり、シェアします。そういう感情が高まるような投稿を意識的に作ることができれば、あなたの投稿がより多くの人に知られることになります。

もちろんSNSには負の感情が刺激される側面もあります。どんなにいい投稿にも、ネガティブな返信がつくことはあります。でも、そういう声はそれほど気にする必要はありません。なぜなら、あなたの商売はSNSでリーチした人たち100%全員から買ってもらう必要はないからです。見た人の1%でも熱心なファンとなって買ってくれればいい、それぐらいの気持ちで続けることがコツです。

人に言いたくなるか?をフォーマットで検証する

いろいろな方法を共有しましたが、最終的に大事なのは、自分がその情報に触れたときに人に言いたくなるか?いろいろ試したくなるか?です。

その視点は商品づくりはもちろん、SNS投稿をつくるときにも必要です。

しかし、頭の中だけで考えていると、つい自分には甘くなってしまうもの。

客観的に見て判断するために、考えたことは全部書き出して並べてみましょう。アイデアを頭から一度外に出すことで、冷静によしあしがわかるようになります。

一言でいうとこういうこと

「…………（言いたくなるタイトル）」

イメージビジュアルや絵
こんな雰囲気っていうのが伝わるもの

こんな商品・サービスであるという説明文
ターゲットは誰で、どんな反応を目指すかのまとめ

そのような「アイデア出し」に使いやすいフォーマットをご紹介します。

これは広告会社のプランナーが打ち合わせでアイデアを持ち寄るときの一番ミニマムなシートですが、それゆえに誰でも簡単にアイデアを言語化しやすく、周りの人からも意見をもらいやすい形になっています。

例えば、先ほどのマグロネイルの場合だと次ページのようなシートでアイデアのもとを言語化できます。

やりたいことが複数ある場合はその数だけシートを作成してみるといいです。とにかく数を出すことが大事です。

アイデア出しシートの活用イメージ

「大間のマグロが好きすぎるネイリスト」

若い女性から青森のマグロに注目を集めるために、ネイリストにマグロのネイルをつくってもらいます。大間のマグロならではの脂ののった大トロから中トロ、赤身までをマグロのお刺身で表現。全部揃えると1本のマグロになるような仕掛けも。公開は 3/16 のトロの日を想定。「やりすぎ!!」のツッコミを狙います。

↓

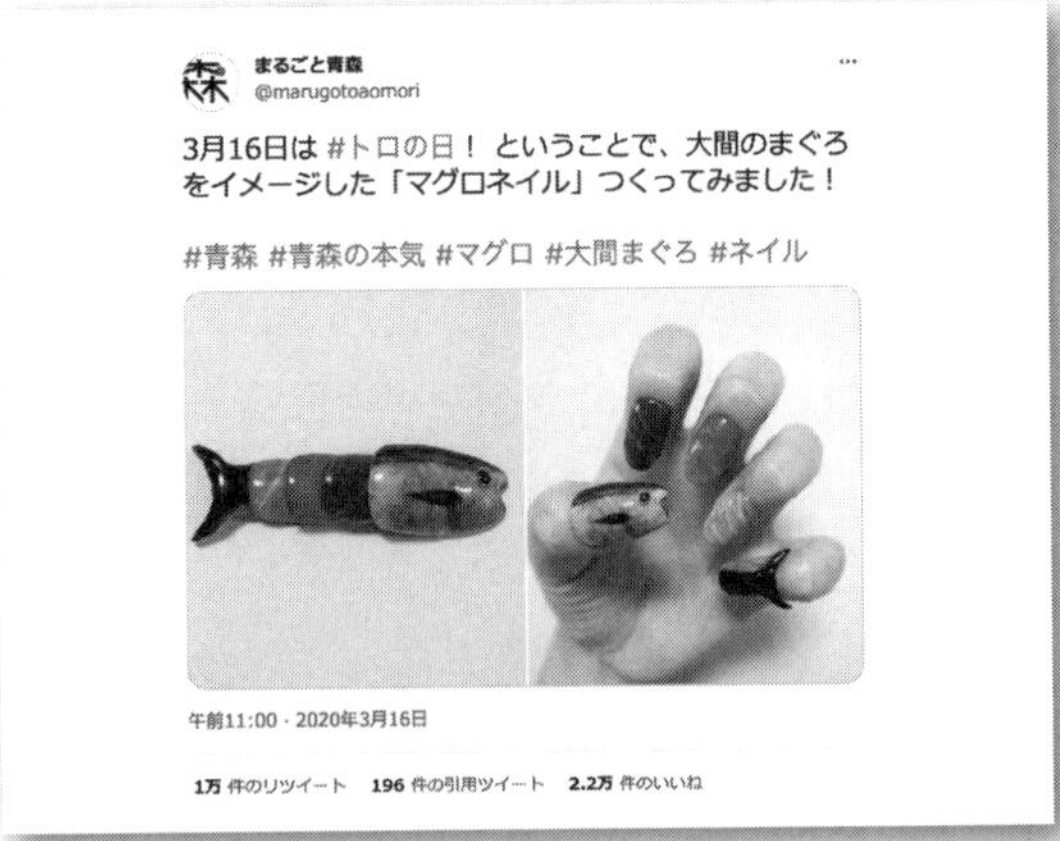
まるごと青森
@marugotoaomori
3月16日は #トロの日！ ということで、大間のまぐろをイメージした「マグロネイル」つくってみました！
#青森 #青森の本気 #マグロ #大間まぐろ #ネイル
午前11:00 · 2020年3月16日
1万 件のリツイート　196 件の引用ツイート　2.2万 件のいいね

自分なりに一度言語化してみたら、自分が一番好きなものがどれかも考えつつ、周りの意見を聞き、どれが反応がいいのかを確かめてみましょう。常に客観視を入れることを意識しましょう。

悩んだら「ユーザーインサイト」を考えよう

ユーザーインサイトとは「お客さんの心の奥底に隠された本音」です。例えば、鮨ほり川のケースで言うと「老舗のすし屋に行ってみたいけど、値段がいくらになるかわからなくて不安」というような気持ちです。

言われてみると「そうそう、そうなんだよ！」と反応するけれど、自分からあえて言わないような気持ち。この気持ちに対して向き合うことで、ユーザーが購入してくれたり広めてくれたりします。

先ほど作ったアイデア出しのシートを見ながら、これって自分が知ってほしいユーザーのどんなインサイトを突いているのかな？と考えてみると、アイデアのよしあしが判断しやすくなります。いいインサイトかどうかの判断は**「早く、広く、深い」**で考えましょう。そのインサイトについて言われたとき、一瞬でそうそう！と共感して、幅広い人々が反応して、本当にそうなんだよと深くうなずいてもらえる。そんなインサイトがいいインサイトです。

いいユーザーインサイトの例：

・すし屋に行ってみたいけど、いくらふっかけられるかわからなくて不安（鮨ほり川）
・クラブやライブハウスでペットボトルの水を飲むのってダサいよね（Liquid Death）
・理不尽な校則にしばられたくない。自分らしいおしゃれがしたい（PANTENE）

ユーザーインサイトを一番よく学ぶ方法は、実際に会話することです。いますでにユーザーがいるなら、実際に自分たちのよいところや利用している理由を聞いてみましょう。

大手のお店やメーカーが顧客アンケートを定期的に行うのも同じ理由です。自分の魅力は案外自分ではわからない。だったら直接聞くことで外から見た価値を自己認識することが大事。

もしまだユーザーがいない商品・サービスなら、彼らを想像することが重要です。そのときには同じようなテーマで訴求をしている他社の商品の購入者を見つけ、ＳＮＳやＥＣサイトのコメント欄で彼らがどんな店を評価して買っているのかを確認します。

ここまでのまとめ　知られるための下地づくりと、知られるための方法

1章では、小さなお店の数が激増したことで、「正しくいい感じに知られる」ことの重要性が高まったことをお伝えしました。つまり、ブランド化することが重要になっている。そのために自らを客観視で見る「客観力」が大事になります。

2章では、客観力の身につけ方を紹介しました。「現在の客観」→「ヒットの客観」→「自分の客観」→「客観のテスト」という4つのステップです。

3章では、客観視で見えてきた魅力の言語化の方法をお話ししました。さまざまなブランドの言語化の事例も見ました。自らのブランドの魅力について、言語化するワークも行いました。

4章でやっと、その魅力をどう伝えるかの方法論を紹介しました。4章の方法論から読んでいただいてもいいのですが、1〜3章の「正しく、いい感じに知られる」ための下地づくりがあってこその知られ方だということが、おわかりいただければ幸いです。

最後に、あなたの商売が、もしくはこれからやりたい商売が、「正しく、いい感じに知られる」のかどうかを判断するための基準についてお伝えしたいと思います。商品やサービスづくりにおいても、それを知らせる・伝える上でも共通して言えることなので、両方の視点で読んでみてください。

①個性がにじみ出る、好きなことかどうか

他人に意見を聞き、客観視をすることで自分について意外な発見がある、というお話をしました。個性は大事ですが、個性から入ると案外伝わらないものです。自分って個性的なんですよ、という人が意外と個性的じゃなかったりすることってありますよね。

必要とするお客さんがいてはじめて商売が成り立つのですから、まずは客観から入ることが大事。そして、客観から入っても個性は必ず何かしら残るものです。好きなことであれば勝手に個性は出てきます。

②無理せず続けられるかどうか

これも商品づくり、SNS投稿のそれぞれで大事な視点です。

以前ユーチューブの広告で「好きなことで、生きていく」というキャンペーンがありましたが、その本当の理想の形は「好きで続けられることで生きていく」なのではないでしょうか。いわゆる「サステナブル＝持続可能」になっていることが重要。

客観的に見てニーズがありそうなことの中から、好きそうなことを選ぶ。それをしばらく続けてみる。その繰り返しが、あなただけの持続可能性がある商売につながります。

③「お金を出してまで欲しい」と思われるか

ベターよりマスト。絶対欲しいと思ってもらえるかどうか？　社会から求められているか？

好きなことで、続けられるけど、誰もお金を出してくれないことだと商売にはなりません。スモールブランドほど、その商売に強烈なニーズがあるかが大事です。

大手企業でも、新商品を出す前に地区限定などでテスト販売をして反応を見ています。

実際に販売することではじめて本当に大切なことがわかったり、思いもよらないことに気づかされたりします。伊良コーラさんのインタビューではこんな話を聞きました。

〝正直、クラフトコーラを最初に生み出したときは、別に課題なんか解決していないと思っていたんです。でも、実際に商売してみると、お客さんから「コーラは身体に悪いので飲めなかったのに、『伊良コーラ』ができてすごくうれしい」「バーで『伊良コーラ』が置いてあると、恥ずかしくなくて飲みやすい」「『伊良コーラ』ならお酒に対抗できるので、集まりでも場がしらけない」といった声が上がってきて。知らず知らずのうちにいろんな課題を解決していたんだなと思って。やっぱりそこに行き着くんだなと思いました。〟

こちらが思っていたのとは異なる使い方や買い方をユーザーがすることで、商品を改めて客観視して見直すことができます。それこそが商品やサービスの一番の魅力であり独自性なのかもしれません。

5章

事例インタビュー

世界初のクラフトコーラ専門メーカー「伊良コーラ」

クラフトコーラ人気の火付け役、「伊良コーラ」をご存じでしょうか。
創業者のコーラ小林さんが一人で立ち上げたブランドが、
今では熱狂的なファンがつき、メディアにも取り上げられるようになっています。
世界初のクラフトコーラが生まれ、知られていくまでのストーリーを、
東京の下落合にある自社工房で聞きました。

自分が向いていることに、自分の資源を投下したいと思った

尾上：「伊良コーラ」は小林さんが会社勤め中に、趣味的にコーラをつくるところから始まったと聞いています。もともとコーラマニアで、ネットで古いコーラのレシピを見つけたのをきっかけに、試行錯誤でコーラを作りはじめたそうですね。そしてあるとき、和漢方の職人さんであるおじいさんが遺《のこ》した漢方・スパイスの調合についてのノートを見つけた。そして、その通りにつくったら、めちゃくちゃおいしいコーラ

この辺りのストーリーはWebサイトをぜひ参照ください。子どもの頃からおじいさんの影響で漢方に親しんでいた話が紹介されています。「あのときの、あれがここにつながる」というストーリーがあるとブランドは強くなります（尾上）

ができたと。そこから売りはじめ、どんどん売れるようになり、とうとう独立して、専門の工房を持つに至ったそうですね。

「伊良コーラ」総本店は、和漢方の職人だったおじいさんの工房があった下落合にある。

「伊良コーラ」代表のコーラ小林（小林隆英）さん。

小林：そうなんです。元々売ろうと思って誕生した商品じゃないんです。単純に自分が楽しくて、自分が飲みたくてつくっている延長でそのまま来ています。

尾上：コアターゲットを自分にしているそうですね。それがいいなと思って。

小林：この店自体も、自分がやりたいことを表現する場という感じでつくっています。自分がどんな感じだったらワクワクするかを基準に、そこに人が来てくれたらきっと楽しんでもらえるという流れで考えています。

「人に楽しんでもらう」という視点も入っているのが、独りよがりにならないポイントですね（尾上）

尾上：自分がワクワクできるかどうかを大事にされているんですね。そう考えるようになったきっかけは、何かあるんですか？

小林：社会人になってあるとき、ふと「何がカッコいいことなんだろう？」と考えたことがあったんです。そして、「自分が向いていることに資源を投下して自分の力を最大化している人こそ、一番カッコいいんじゃないか」と思うようになった。そこから始まっていると思います。

尾上：自分のリソースをどこに一番配分するとワクワクできるのか、という話ですね。でも、自分に何が向いているかって、自己分析をしてもなかなかわからないじゃないですか？

小林：そこは、手あたり次第挑戦するしかないと思っています。それも適当な気持ちじゃなく、本気でやってダメなら新しいことに挑戦する、のトライアンドエラーを繰り返すしかないです。仕事にならないと思っても、自分が興味を持つものやワクワクするものがあれば、試しにやっ

個人でやる商売だからこそ、いやなことをわざわざやる必要はないと気づかされました。好きなことだからこそ、地道な努力もできる。好きなものを貫く力と裏側にある努力が組み合わさって、個人ブランドはできているんですね（嶋野）

てみて、ちょっとしたお金を稼ぐ。そういう体験は、どんどんやってみたらいいと思います。

ワクワクは、「好き」「得意」「社会」の3つの重なり合いの中にある

嶋野：これからブランドをはじめる人たちへのアドバイスとしては、やはり「自分の好きなことを突き詰めろ」ということになりますか？

小林：いや、どちらかというと、「好きなことよりもワクワクすること」ですね。

嶋野：そこは意外と違うんですね？

「伊良コーラ」は移動販売車での手売りから始まった。

伊良コーラの原点は、青山のファーマーズマーケットでの手売り販売。お金と自分のつくったものが交換されたときの喜びはすごく大きく、それがいまにつながっているという話が印象的でした（尾上）

小林：はい。好きでも人に求められていないことって絶対にあるので。好きでも得意じゃないこともあるし。ワクワクするっていうのは、成功を確信しているってことだと思うんですよ。自分の得意分野だったり、自分の資源（個人的なルーツも含めた資源）や、社会から求められること、いろんな要素が集まって「ワクワクする」んだと思うので。

嶋野：小林さんにとってのワクワクは、つまり、自分だけのものではないってことなんですね。

小林：「社会に求められる」っていうのが、潜在意識の中のチェックリストにあるんだと思います。好きだし、得意だし、社会に求められている、その3つがベン図みたいに重なり合っていると、ワクワクする。そんなイメージです。

その中で「好き」っていうのは、もしかしたら優先度が低いかもしれないですね。嫌いだけどめちゃくちゃ得意で人に求められることなら、

「社会から求められること」を理解していることが、まさに客観視です。好きと得意を分けて考えてらっしゃるのも、すごく理想的だと思います（嶋野）

いけるところまでいけるから。でも好きじゃないと、何かあったときに突破できない。好きで得意なことでも、求められていなければ何も起きないし。

尾上：好きとワクワクって同じように考えてしまいがちですけど、そうではなくて、好きで、得意で、求められているという3つが満たされてワクワクするし、それがワークするっていう話ですね。

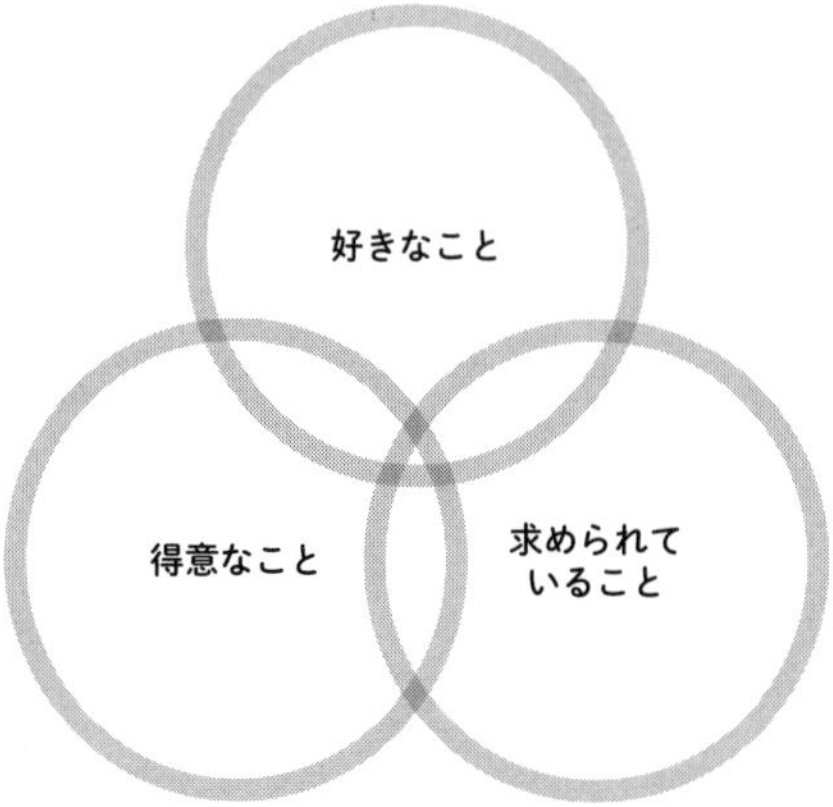

3つが満たされてワクワクするし、ワークする。

嶋野：社会に求められるかどうかが、小林さんの潜在意識の中のチェックリストに入っていたのは、なぜなんでしょうね？

小林：僕は小さいころから何を

やってもうまくいかなくて。誰よりインプットしてるのに、何をしても、どれだけ努力してもできない。そういう期間がめっちゃ長かったんです。でも社会人になって仕事をする中で、やっと自分の価値をアウトプットする場を見つけて、さらにコーラというものを見つけられた。その原体験があるので、世の中にいい影響を与えられるものをアウトプットしたい、という思いが人一倍強いんだと思います。

正直、クラフトコーラを最初に生み出したときは、別に課題なんか解決していないと思っていたんです。でも、実際に商売してみると、お客さんから「コーラは身体に悪いので飲めなかったのに、『伊良コーラ』ができてすごくうれしい」「バーで『伊良コーラ』が置いてあると、恥ずかしくなくて飲みやすい」『伊良コーラ』ならお酒に対抗できるので、集まりでも場がしらけない」といった声が上がってきて。知らず知らずのうちにいろんな課題を解決していたんだなと思って。やっぱりそこに行き着くんだなと思いました。

自分が飲みたいものをつくっていたら、それがいつの間にか課題解決になっていたというのが面白い。僕らはとかく課題解決から考えがちなので、新鮮でした（尾上）

直観でいいと感じるものには、理由がある

尾上：「伊良コーラだと恥ずかしくない」という話がありましたが、プロダクト自体から「明らかにこれまでのコーラと違うぞ」ってのが伝わりますし、「ていねいに作られているんだな」とよくわかるようになっていますよね。きれいな丸いガラスのビンに、和紙のラベルが貼られていて。ブランドロゴのカワセミとホログラムの文字で「伊良コーラ」と印字されていて。こういうデザインは、どんな順番で考えていくんですか？

伊良コーラのボトル（取材当時のもの）。

小林：2つあります。まずは伝えたいことを明確にして、どうしたら一番伝わるか考える。もう一つは、やっぱりワクワクを大切にしています。どんな表現をしたら喜んでも

らえるか、びっくりさせられるかが根本にあります。とはいえ、ビンの形もまだ完全ではなくて、やりながら考えている部分も多いです。

ロゴのモチーフはカワセミ。水中で魚を捕獲するカワセミのように、常識外のことに挑戦していく意味を込めている。

嶋野：個人で商売をやる以上、小林さんはいろいろな決断や判断も自分で下さないといけないですよね。ご自分の直観のようなものもあると思いますけど、それをどのくらい信じてますか？

小林：本当に自分の直観が合ってるかどうか、わからなかった時期がしばらくありました。でも、直観でいいなと思ったものを後から検証したら、やっぱり

いきなりカチッと固めてまっすぐ進むんじゃなく、作りながらというのが、個人だからこそできる柔軟な姿勢でいいですね（嶋野）

反応を見ながらアップデートしていけるのが個人ブランドのよさですね（尾上）

全部よくて。直感でイマイチだなって思ったものは、ロジカルで考えるといいんですけど、最終的に振り返ってみるとよくなかった。

尾上：なるほど。直観力を磨くためには、何が大事だと思いますか？

小林：心って油断しているとどんどん鈍くなっていくので。ワクワクしたものは絶対にやるし、嫌だなって思うものは絶対にやらないって決めています。クラフトコーラをつくろうと思ったときは、めちゃくちゃワクワクしたんですよね。

合言葉は「コカ・ペプシ・イヨシ」

嶋野：小林さんは、これからもずっと伊良コーラを続けていこうと思っていますか。逆に自分の中で飽きちゃうって心配はないですか？

小林：最終的なゴールは「コカ・ペプシ・イヨシ＝コカ・コーラやペプ

直観と言っても、小林さんの場合何度も自分の中で検証したからこそ正解だとわかるのだと思います。「考えて答えを出す」ことは一見正しいのですが、考える前に答えが見えているのが理想形です（嶋野）

小林さんは商品をめちゃくちゃ愛しているので、愛が深ければ深いほど真剣に行動しますし、真剣にみんなに伝えようとする。これが直観というものの精度を上げていると感じます（尾上）

シに並ぶコーラ三大ブランドの一つになること」です。目標が明確なので、そこに行くまではたぶん飽きない。あとは、経営という意味でも経験したことがない大変なことばかりが起きるので、そこの面白さも感じています。経営はフェーズによって全然面白さが違いますね。

嶋野：クラフトコーラというと、オンリーワンの存在を狙っていくのかなと思ったので、三大ブランドになるというのは意外でした。規模の拡大を狙っているように聞こえますが、そこは違和感はないんですか？

小林：それこそ世界一のコーラブランドになるくらいの勢いで考えています。というのは、売上げって、幸せや感謝との等価交換だと思っているんですよね。売上げがめちゃくちゃ大きいっていうことは、世の中により多くの幸せ、ポジティブな効果を与えているということなので。あくまで世の中にどれだけインパクト、ポジティブな効果を与えられるかという指針として、売上げをめちゃくちゃ伸ばそうって考え方です。

このインタビューで一番感動したところです。理想を大きく持つと、次の一歩も大きくなる。どんなブランドも個人から始まっていることを考えれば、あながち「大きすぎる夢」ではないのかもしれません（嶋野）

もともとの商品の価値を高める「知られ方」

尾上：この本は「知られ方」がテーマなので、伊良コーラをみんなに知ってもらうために何をしているかについても教えてもらえますか？

小林：結局コアとなる面白いことを考えていれば、注目してもらえると思っています。例えば、いまコーラの木を日本で育てようと考えているんです。それは単純に自分がやりたいからなんですけど、たぶん興味を持ってくださる方はいると思っています。広げるためにするんじゃなく、面白いと思ったからする。それに尽きるかな。

尾上：そのアイデア、めちゃくちゃインパクトありますね。プロモーションのために何をするかというよりは、商品に一番近いコアの部分で面白いことをやっていくことが、結果的に商品を広めることにつながるという考え方ですね。

「コーラって、こういうものからできるんだ」という印象も作れるし、品質という側面でもブランディングにつながっていきそうな、実はすごい正しい手法だと思いました（尾上）

小林：下落合のこの工房にもコーラの実が置いてあります。実際に海外まで行って買ってきたものなんです。

コーラの木から採取できる、コーラの実。

尾上：プロモーションというと、とかく商品とちょっと遠いところで広めるような方法になりがちですけど、結局は、商品の価値を高めることに全部寄与していたほうがいいはず。そこは知られ方として大事なポイントですね。

嶋野：ＳＮＳで広がっていく時代だからこそ、商品を軸に貫くのがより強いんじゃないか、ＳＮＳとも親和性が高いんじゃないかと感じました。

初の取材は、雑誌の編集部に書いた手紙から

嶋野：メディアにもたくさん取材されていますよね。初めての取材って、どう実現したんですか？

小林：雑誌『POPEYE』の編集部に手紙を書いたんですよ。で、デスクの人が、届いた手紙を休憩用のテーブルに置き忘れちゃったみたいで。そうしたら、たまたま編集担当の方がお茶休憩のときに見て、ちょうどクラフト特集だったので、「ちょうどいいじゃん」と載ったのが最初ですね。

2018年に『POPEYE』に出してもらって、記事を見た『TABI LABO』さんが連絡くれて。『サラメシ』も『POPEYE』を見た方が連絡くれて、そこから広がっていったという。

嶋野：手紙からそんなキレイに広がるなんて、うまいこと行き過ぎてます！（笑）。奇跡みたいな話に聞こえますけど、おそらく小林さんが他にはないポジションを培ってきたからメディアの人にも興味を持たれたんでしょうね。

尾上：自分の目指しているところが明確で、そこを研ぎ澄ましているから、手紙が効果的だったんでしょうね。あとは、小林さんの行動力ですね。

小林：できることは何でもやる。そこはポイントかもしれないです。

インタビュー振り返り

尾上：ワクワクするものをやっていくのが大事で、結果的に課題解決になっているというお話でしたね。どうでしたか、嶋野さん。

嶋野：ソニーやパナソニックなどの大ブランドも創業者が最初は一人で始めたものですが、小林さんの話を聞いていて、大きく成長するブランドの初期に自分が立ち会っているような、期待感やワクワクがありました。個人的にもこのブランドのファンになりました。

尾上：まさに。僕も同じくファンになりました。ブランドの話でありながら個人の話であり、いろいろな人の生き方にもつながる話なのではないかと。好きなこと、得意なこと、求められること、自分のリソースの配分が最適になったときが幸せ、という話は、流動的な時代において、とても大事なことですよね。

ＳＮＳを使って話題を呼ぶ、74歳のすし職人「鮨ほり川」

東京・下北沢で１９７５年に開業したすし屋「鮨ほり川」。大将である堀川文雄さんのツイッターアカウント名は「74歳すし屋のツイッター【現役】」。「野菜寿司」や「フルーツ寿司」といった独自の寿司が名物で、コロナ禍に入ってからはＳＮＳでの情報発信にも力を入れてきました。堀川さんと二人三脚でＳＮＳを運用してきた元アルバイトの秋谷麻美さんと一緒に話を聞きました。

すし屋として独立して戦うには人のやってないことをするのがいい

尾上：「鮨ほり川」といえば、「野菜寿司」や「フルーツ寿司」のような独自のメニューが有名ですよね。お寿司のコースの中にも「とまとうふ鍋（トマト豆腐鍋）」というお鍋料理があって意外性を出していたり。

堀川：すし屋として独立して一人で戦うためには、やっぱり人のやって

堀川さんはレシピを note で公開されているので、ぜひ試してみてください。「ほり川 レシピ」で調べると出てきます。おいしいです（尾上）

ネタが並ぶケースには野菜や果物も。

いないことをするのがいい。だから、今までショーケースに魚を入れていたところを、インパクトを与えるために、全部野菜にしたんですよ。それはすごく当たりました。あとはカウンターで鍋が食べられるのもヒットして。

日本の食を考え直すとね、要は魚、野菜、果物。これが世界に誇れるじゃないですか。「フルーツ寿司」が生まれたきっかけは、1年くらい前にお店に来た20代くらいの若いカップルです。「シャインマスカットちょうだい」って言うから、お皿で出したんですよ。そうしたら「握らないんですか」と聞くので、「いや握るんですか」って。

堀川さんは、元々アイデア体質。おすし屋さんとして独立されたときから「何かやってやるぞ」みたいな気持ちをずっと持ち続けてきた方です（尾上）

「他のお客さんもいないから、じゃあ握ってみましょうか」と。そしたらそれがものすごくウケて。おいしいって言うから。

嶋野：わたしもこのシャインマスカット寿司をいただきまして。一口目はおそるおそるなんですけど。食べてみると意外と合う、おいしい！って。

尾上：僕が行ったときはオレンジ寿司が出てきましたよ。すごく面白いし、合うんですよね。フルーツ寿司って聞くと「話題狙いでしょ」と思っちゃうかもしれませんが、全然そんなことはなく。職人さんとして、これはうまくいくという計算が立ってますよね。そんな感じでアイデアを生み出しま

お客さんが「握らないんですか」って言うから握ってみたら、うまかった。そういう感じもいいですね（尾上）

74歳すし屋のツイッター【現役】
@sushi_horikawa
お待ちしています
10月16日(土)17:00-21:00
10月17日(日)17:00-21:00
おひとりさまも大歓迎です
美味しいものを食べに来てくださいね
鮨ほり川 下北沢
TEL 03-3413-8776
(12時〜14時、16時〜22時
ご予約電話出られます)
「鮨ほり川」の Twitter。70 代で SNS を使いこなし話題に。

くってる堀川さんですが、中には失敗したメニューもあったそうですね。

秋谷：わたしがバイトしていた期間にも消えていったメニューが、いくつかありましたね……。例えば「ホッカレー」とか。確か、カレイにカレーをかけたんでしたよね？　おいしいんですけど、みんな頼む勇気がない。

堀川：あと失敗したのは「温フルーツ」ね。温野菜じゃなくて、温フルーツ。これもおいしいんだけど、タイ料理に近い感じになっちゃった。

尾上：意外性の幅が重要なのかもしれないですね。ホッカレーは想像ができちゃうけど、フルーツ寿司はすごく意外だから、頼んでみたくなるし、人に言いたくなる。ＳＮＳの時代に広まる

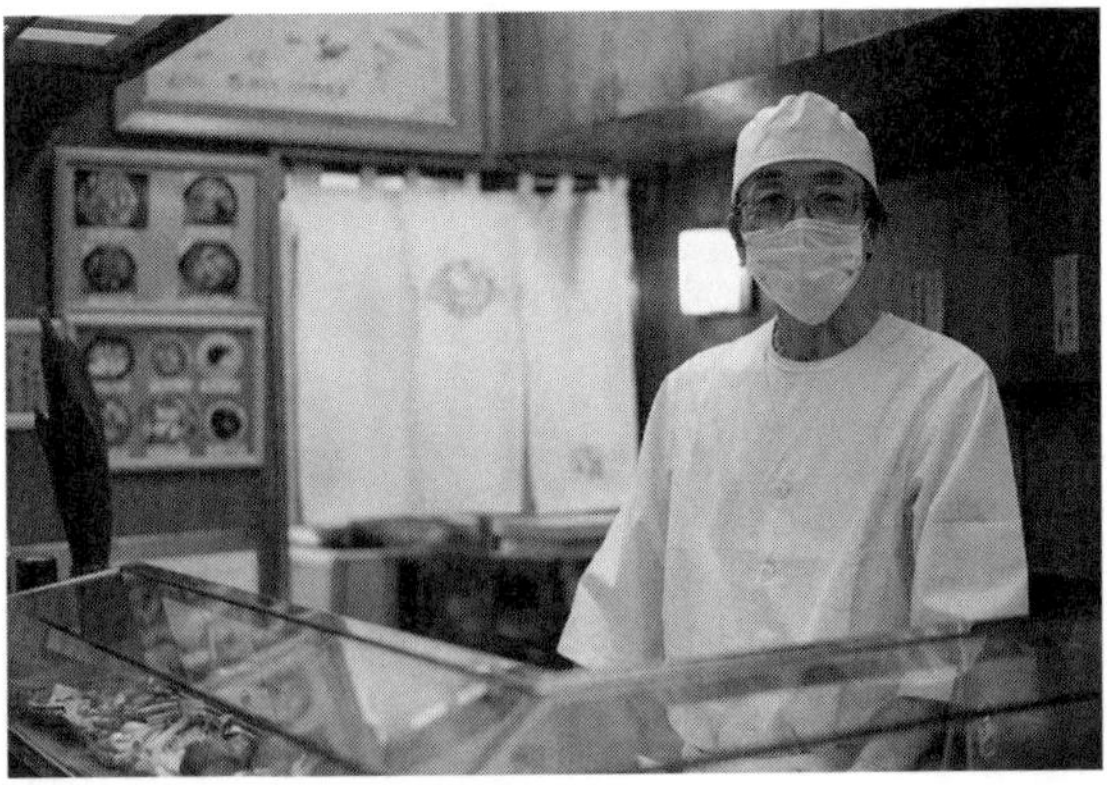

「鮨ほり川」の大将、堀川文雄さん。

ものってそういうことじゃないかと。

嶋野：僕はズレの個数が1個多かったんじゃないかなと思いました。「シャリに冷たいフルーツが乗っている」なら刺身の代わりがフルーツになっただけだから、これは食べられる。けれど、その上でフルーツが温かいとなると、よくわからなくなるんじゃないでしょうか。

オレンジを使った「フルーツ寿司」。

尾上：なるほど。新しすぎちゃって、帰って来れなくなると。技のかけすぎだと。

嶋野：そう。土台から1個ズレるくらいは新しいんだけど、2個ズレるとちょっと。だから新しくすればするほど、外れるんじゃないかって。

この法則は他の分野でも使える判断基準です。新しさとは過去とのズレです。どこをズラすかと同じぐらい、どこを変えないかを柔軟に考えてみましょう（嶋野）

行動しながら考える　アイデアを考えるスイッチは常にオンに

嶋野：新しいメニューのアイデアって、どんなときに生まれるんですか？

堀川：まず仕入れに行って。仕入れに自分で行かなかったらダメなんですよ。魚は必ず豊洲市場。で、野菜と果物は築地の場外。両方を見て、売っている人に絶えず新しいものについて聞いたりして。そこからですね、いろいろアイデアが出てくるのは。現物がないと、アイデアは出てこないですよ。

秋谷：堀川さんは「わあ〜！」ってお客さんを驚かせてあげるのが好きなんですよね。

堀川：そうそう。みんな喜ぶからね。

担当商品の現場、売り場をちゃんと見るっていうことも、我々の仕事と共通してますね（嶋野）

机に座って考えるぞっていうよりは、常に考えるぞって感じですね。スイッチを入れ続けていることが大事なんですね（尾上）

堀川さんの場合は、アイデアで人をワクワクさせようっていう姿勢が、ストレートに反響につながってると感じました（尾上）

尾上：シェアされていく感情も、やっぱり「驚き」になっていますもんね。こんなにおいしいものがあったんだ、こんな組み合わせがあったんだって。

秋谷：でも、SNSでの広がりは正直意図していなかったんですよ。最後に甘いものを食べておいしいなと思ってもらいたいなって考えていただけだから。でも、ツイッターで感想を書いてくれている人を見ると、ほぼ全員「一番おいしかったのはフルーツのお寿司です」という感じで書いていて。人に伝えたいところまでいくには、やっぱり驚きがないとダメなんだなと感じました。

SNSを始めたことで、すし屋への来店ハードルが下がった

尾上：具体的にSNSの運用で何を気をつけているか、どんなことが起きているのかという話も聞いていければと思います。

秋谷：SNSから起きたことと言えば、「かめのて」が人気になりました。

堀川：そう。不思議だったんですよ。若い子がかめのてを注文するから、どうして知ってるんだろうって。「これ食べ方わかるんですか」って聞いたら、「いやわかりません」と言うし。ますます不思議になって、「なんで知っているんですか」と聞いたら、「ツイッターで見て」だって。

秋谷：わたしもそれを聞いて驚いて。面白いからギリギリ載せてみようと思って、堀川さんに相談

ほり川のお店に行くと、お客さんがみんな若いんです。カウンターのすし屋であそこまで若い人がいるのって、やっぱりSNSの効果だなと感じました（嶋野）

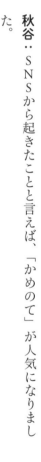

してツイッターで紹介したんですよね。それを見て来てくれたみたいで。お客さんも覚悟して来るんですよ。普段は食べられないものを食べようって感じで。

尾上：なかなか食べないですよね。ツイッターによって相当ハードルをうまく下げているってことですね。

嶋野：SNSで発信するときに、気をつけていること、大事にしていることってありますか？

秋谷：当たり前のことですが、マイナスな面をなるべく出さない。楽しいこと、プラスの面、面白いこと、見ている人がワクワクするようなことだけを、と思っています。

おすし屋さんに対するハードルをSNSで下げて、店に来てもらって、ちゃんと満足する体験ができるという一連の流れができているのが素晴らしいです（尾上）

よくSNSを運用するときは、キャラクターや人格が大事と言います。楽しげな隣人だったり、ちょっと皮肉屋だったり。ほり川さんの場合は、2人のキャラクターが混ざって今の感じになっているんだなと伝わってきました。それがいい塩梅なんですよね（尾上）

純粋に喜ばせたい気持ちでＳＮＳ運営をしている

嶋野：振り返ると、どういう要素がＳＮＳ的にウケる要素だったと思われますか。

秋谷：ひとつめは、年齢を出したこと。ツイッターのアカウント名は「73歳すし屋のツイッター【現役】」、ｎｏｔｅは「73歳すし屋のｎｏｔｅ【現役】」にしています（２０２２年12月現在は「74歳」にして更新中）。本当に最初の話題はそこからですね。そして、一生懸命やってますっていう、本当にすごくピュアな核があるから。

たまたまお店に来てくれた人が「マンゴーじゃん！　マンゴー握ってるじゃん、（ＳＮＳに）出しなよ！」って言ってくれて。「果物握ってるじゃん、ちゃんとツイッターで言いなよ」って、一回一回お客さんが言いに来てくれて。わたしと堀川さんは、「そうか、（ＳＮＳで）言うんだ、こういうのは」って。「これリツイートしなよ！」っていう投稿も、周りのお客さんがDM（ダイレクトメッセージ）で全部教えてくれて。宣伝というよりも、こんなおいしいものがあるよ、楽しいよっていうものを、堀川さんは本当に純粋に言いたくて発信しているんです。

尾上：純粋な気持ちでやっていたら、いろんな人に助けられて話題になったっていう。すごく素敵なストーリーですよね。

SNSを見て来るお客さんのために、安心して頼めるコースを新設

嶋野：SNSを通じて今までと違うお客さんが来るようになったり、注目される中で、自分の中で変化はありましたか？

秋谷：一番大きいのは、コースの「ほり川スペシャル」を初めてつくったことです。せっかく、SNSでつながってくれた人がお店に行ってみようかなと思ったときに、カウンター越しってこわいじゃないですか。だから今までアラカルトだけで来ていたのを、わかりやすくしようって

SNS経由で、常連さんとは違う、新しいお客さんが来るようになったときに、その人たちに対して新しい商品（コース）を考えたというのも、大事なポイントですね（尾上）

2人ですごい考えて。値段も決めて。

堀川：コースをつくるのに、ものすごい時間をかけて考えましたね。果物があったり、野菜の寿司があったり、前菜もあるし、刺身のコースも選べるとか。普通では食べられないようなめちゃめちゃ高いネタも入ってるしね。そういう違いを出さないといけない難しさがあってね。

秋谷：本当にベストアルバムのようなコースなんです。

嶋野：でも、それによって常連さんから「いままでのほり川さんとは違う」とか「SNSから来た人をそんなに大事にするの？」みたいな声って、なかったですか？

堀川：SNSの新しい人が来ても、年配の食通の人も大切なんですよ。だから僕らから言えば、食通の人も満足させられるおすしを、できるだけSNSから来た人にも食べられるような形で出してあげたいというこ

ほり川さんの場合は、常に変化を求めるお客さんがコアファンにいたのが、すごく幸せなところですよね。つまり、変化し続けるブランディングと、新しいものを求めるSNSの客層に合わせるマーケティングがうまく一致しています。ブランディングとマーケティングが両立した、本当に幸せな事例だと思います（嶋野）

とで。

尾上：ちゃんとおいしいという話が先にあって、その上で驚きがあるということですね。

堀川：そうそう。もっともっと中身を濃くしていきたいんですよ。お店のちょっとした置物を変えたりすることもそうだけど、人が気づかないようなものに対して、ものすごく力を入れたいんです。

尾上：常連の方も新しい方も混在して、いい感じの空間になってきているわけですね。ただ新しい人たちが来るようになると、その人たちはまた来てくれるのか、定着するのかという問題が出てきますよね。その辺りの工夫は何かあるんでしょうか。

堀川：それはね、相性です。「わたし、この店大好き」って、感じてもらえるかどうか。どうやっても「わたしには、これは合わない」って感じ

合わない人を無理やり追いかけるより、これくらい思い切っちゃったほうがいいですね。大量生産・大量消費ではない、適切につくって適切に届ける世の中になっていくほど、こういう考え方になりますね（尾上）

るお客さんもいるから。最後はお互いの気持ちが合うか、合わないか。

どの職業も学び続けなければいけない

尾上：では、最後に、47年間商売を続けている堀川さんに、どうすると長く続けられるのか、どうすると長く話題でい続けられるのかをうかがえればと思います。

堀川：自分の財産だけで勝負すると、いつかダメになる。残るものもありますよ。でも残るのは一部だけじゃないですか。ほかは全部消えてなくなっちゃう。だから、自分の場合はどんどん教えることにしています。教えるということは、自分はまた学ばなきゃいけないから。

尾上：いま、すごく大事なお話を聞かせていただきました。自分の財産だけで勝負をしてはいけないと。

嶋野：もう50年以上職人をやられていても、まだ学び続けているって本当に素晴らしいですね。どの職業も学び続けなきゃダメですよね。

尾上：かつ、それをどんどんみんなに教えていくっていう。教えると、自分はまた学ばなきゃいけないっていうのが。

嶋野：真理ですね。

インタビュー振り返り

嶋野：世の中にはたくさんおすし屋さんがありますけど、なぜほり川さんは、特にＳＮＳでこんなに人気が出たのか。一番のポイントはどこだと思って聞いてました？

尾上：僕は常に新しくいようとする感じがＳＮＳに合ってるんじゃないかと感じました。フルーツ寿司はもちろん面白いんですけど、このあともまだ全然ヒットを飛ばしそうな感じがするんですよね、堀川さんって。それはやっぱり裏側にあるスタンスというか、新しく面白いものを取り入れてやっていこうという、そこなんじゃないかと思います。

嶋野：わたしは、秋谷さん、つまり元から知り合いの人にＳＮＳを託したのが一番大事だったんじゃないかと思いました。ＳＮＳの投稿って、みなさんだいたい自分ですると思うんですけど、自分でわからない自分のことって実はたくさんあって。そこを近しい他人が魅力を翻訳することで、世の中が共感しやすくなるんじゃないかと感じました。

尾上：なるほど、二人三脚的なやり方で客観視してもらうと。

嶋野：例えば企業も社内に広報部があったり、ＰＲ会社を横に置いたりしますが、それと割と近い感覚を個人でやると、こうやって

ＳＮＳ発信者を横に置くことになるんじゃないかと。そういう人を見つけるところからスタートするのもいいなと思うんですよね。家族やパートナーにお願いしてもいいし。

尾上：ああ、面白いですね。別にＳＮＳのプロっていうわけじゃなくても、お互いによく知っていて、ちょっと得意だから任せてみるっていう。そうしたら、その人が実はすごい能力を持っていたり。

嶋野：あると思う。例えばスターバックスなんかのお店にも、店頭にイラストが得意なスタッフが描いた看板があったりするじゃないですか。ああいう感じで、インスタグラムがすごい得意な人っていう採用枠があってもいいかもしれないよね。

誰かに言いたくなる店「不純喫茶ドープ」

東京・中野に2020年にオープンした「不純喫茶ドープ」は、昭和レトロな雰囲気やメニュー、独特のコンセプトなどで開店以来SNSを中心に話題を呼ぶ人気店。
同店を運営するwackwack creative代表の井川裕介さんに、そのアイデア発想や考え方を聞きました。

ヒップホップのサンプリングの考え方でできている

嶋野：「不純喫茶ドープ」という店名がまず魅力的ですが、この名前はどう考えたんですか？

井川：「不純喫茶」の方からざっと説明すると、まず喫茶って、もともとコーヒーだけ出す店から始まっているんです。そこから歴史の中で女性が接客をしてお酒を出すようになり、どんどんキャバクラ化していったんですよ。で、キャバクラ化していく流れと普通にコーヒーを出すお店が二極化していった時期があって。それでキャバクラ化した方を「特

「不純喫茶ドープ」の店内。40 年続いた純喫茶の空間を居抜きで使っている。

殊喫茶」と呼んで、コーヒーだけ出す店を「純喫茶」と呼ぶようになったんですよね。

尾上：「純喫茶」ってそういう意味だったんですね。なるほど。

井川：で、そこからの再逆説的に、お酒は提供するけど接客をしない「不純喫茶」というワードが出てきました。そして「ドープ」には2つ意味があります。英語で「dope」は不純物みたいな意味で、喫茶メニューに酒が入っていることを表しています。また、ヒップホップのスラングではやばいよね、クールだよねみたいな意味もあり、その2つが掛け合わさっています。

この場所でもともと経営していた喫茶店の名前が、「純喫茶じゅんじゅん」なんですよ。だから、「じゅんじゅん」からの、「ふじゅんふじゅん」みたいな感じにもなっている。空間は純喫茶じゅんじゅんの居抜きです。40年続いた純喫茶の空間がめちゃくちゃかっこよくて、こんな空間はなかなか一からつくれない。実際に我々が手を入れたところは

喫茶じゅんじゅんからスタートしたというのが、すごく運命的です。もともとの店名がそこにあったという。そういうお店の成り立ちや喫茶の歴史をうまく取り入れて、まさにサンプリングしています（嶋野）

ほとんどなく、食品サンプルを飾ったり、ネオンをつけたりぐらいで、ほとんどそのままです。

尾上：ヒップホップ的な考え方がいつも根底にあるんですか？

井川：ただ単純にヒップホップが好きなんです。サンプリング文化だったり、文脈回収、伏線回収みたいなやり方とか、昔あったイケてるものをフックアップするところが。その辺りは、お店をつくるときにもすごく大事な要素として捉えています。

嶋野：お店の「せつない気持ちのゴミ捨て場」ってキャッチコピーもすごいチャーミングですよね。

井川：ヤバいですよね。わたしが高校生の頃にくらったワードをサンプリングさせていただいてます。本当は言いたいことはたくさんあるんですけど、わかる人にはすぐわかるところなので、あまりわたしからああだこうだ説明はしていないです。おのおの好きに解釈して楽しんでもらえたらうれしいですね。

来店してもらうためのフックと、来店した後のフックは別物

嶋野：話題づくりに関して、これまで狙い通りにいった部分、逆に意識しなかったけどうまくできた部分はありますか。

井川：狙い通りできたのは「ユーザー側の発信から展開していく」ことです。だいたい情報の展開はＳＮＳから始まるので、それをサイクルさせるのは大事にしています。狙っていなかったのはタイミングで、予期せぬときにバンと行っちゃったりすることがありますね。

嶋野：ユーザー側の発信から始めるのは、まさにＵＧＣ（ユーザー生成コンテンツ）をど真ん中においたやり方ですね。

井川：味がどうこうって、来店してもらった次の話だと思うんですよね。来る前に味はわからないじゃないですか。だから来てもらうためのフックと、来てからのフックは階層が別と捉えてます。めちゃくちゃうまいけど誰にも知られてなかったら、その「めちゃくちゃうまい」にはたどり着かない。そこをおざなりにしているパターンは多い気がします。

尾上：不純喫茶ドープの場合、来てからのフックは何ですか？

井川：空間も含めた体験の面白さですかね。クリームソーダや太いナポリタン、固いプリンみたいな、実際に食べる体験のクオリティも含めて。一個一個のものにフォーカスするより、トータルでの体験を重視しています。コロナ禍で有名店もデリバリーするようになったけど、家で食べるとなにか物足りなかったりする。それが空間のプラスオンの価値だと思っていて。食べ物と空間が合わさっている状態でフック付けしていくイメージです。

みんながやりたいけど、うまくいっているケースが非常に少ないところです。味が美味しいのはもちろん前提で、ユーザーの発信を優先順位の上に置くって案外やっているところが少ないんです（嶋野）

嶋野：フックの部分と味の関係ってどう決めていますか？

井川：単純に自分が好きなものをぶち込んでいる感じですが、その中でも**意識しているのは「人に言いたくなるコンテンツづくり」**。例えば、「不純喫茶」や「せつない気持ちのゴミ捨て場」ってワードは言いたくなるじゃないですか。それに「めっちゃ固いプリン」とか「めっちゃ太いナポリタン」みたいなほうが伝えやすいし。

尾上：僕なんか見事にハマっちゃうワードです（笑）。

嶋野：さっきおっしゃっていた、予想外にＳＮＳでの反応がよかった点

昔懐かしい食品サンプルがSNSで話題に。

というのは？

井川：ドープの開店前日にバズった、外の食品サンプルですね。食品サンプルっていくらでも世の中にあるものだけど、そこに少しプラスの要素をつけたり、見せ方を工夫することで話題になる。ある程度意図はしていましたけど、思った以上に強い反響でしたね。

民主主義的なつくり方はしたくない

嶋野：井川さんが独りよがりにならないために、気をつけていることはなんですか？

井川：逆説的になりますが、わりと独りよがりにつくることを意識しています。特にビジネスのものづくりは、まともな大人が何人かでテーブル囲んであーだこーだってやると、最終的にめちゃくちゃ丸くなったものが出てくる。だから、あえて人の意見を聞かないである程度着地まで

シュッとしてカッコいい店は今いくらでもあるから、ゆるさや個人の色が出ると逆に異質性が高く見えますね（尾上）

持っていきます。普通に考えたら、飲食店に「ゴミ捨て場」なんてキャッチつけないじゃないですか。この店ができた後で言うからまだ伝わるけれど、何もない状態で話してもチープになっちゃうし、絶対伝わらない。だからできあがるまで社内でもあまり言わないです。最初にこういう言葉だけ出てきても、反対されますし。

嶋野：どの辺が反対されました？

井川：「ゴミ捨て場」って大丈夫？みたいなのはあります。わかる人少ないでしょ、みたいな。

嶋野：逆にちょっとやりすぎちゃった、アクセル踏みすぎちゃったなってことはありますか。

井川：その調整は自分の中でずっとやっている感じはあります。やりすぎて伝わらないのは絶対にあるから、そのサイズ感の調整はめちゃくちゃ大事です。でもそれはいろんな人の意見を聞いて民主主義的につくることとイコールではない。

尾上：これだけ話題になってると、いろんな意見がありそうですけど。何か言われて気になっても、取り入れないぞって決めたりしてますか？

井川：取り入れないです（笑）。キリなくないですか。

嶋野：そうですね。僕ら広告の人間はわりと気にしちゃうので。

井川：気にはしますけどね（笑）。でも取り入れないです。ディスを言う人たちは何の責任も負ってくれないので。やっぱり数が増えると、ディスは増えます。全然的を射ていないのも多くて、そういう芯を食ってないものは気にしないようにしてます。一方で、例えばお店で提供されるべきものがされていなかったようなことがあれば、一個一個直していきますし、直で謝ったりもします。

自分たちの投稿でバズらせようとは思わない

尾上：先ほどのお店のネーミングを導き出すまでの話がすごく面白かったんですが、一番自分的に盛り上がるのってどういう瞬間なんですか？

井川：そもそも文脈をネーム含めて考えるのは好きなんですよ。ネタが最初にあって業態をつくったりしているから、それがハマって自走する状態になっているときかな。

嶋野：だんだん主題に近づいてきました。ＳＮＳの向き合い方で、知られ方や広がり方、受け取られ方も含めて意識していることはありますか。

井川：よく聞かれますが、ＳＮＳの運用に必殺技はたぶんないです。ユーザーが投稿したくなるコンテンツづくりをして、ユーザーが投稿するサイクルを生むことは意識しています。いくら店側が精度の高い投稿をしても、実際のユーザーが上げる情報の信頼性にかなわないから。逆に言うと、SNSは工数を下げて運用できるようにしています。例えばお客さんが上げてくれた写真でいいものがあったら、DMして使わせてもらう。そうすればうちは撮影しなくていいし、お客さんの写真のほうがリアルな視点で撮れているし。

結局SNSは伝達方法でしかないので、伝達方法だけをごによごによやっても意味がないと思うんですよね。

尾上：SNSは伝達方法でしかない、というの本当にその通りですね。その上で、自分たちの投稿がバズるより、ユーザーの投稿がバズったらいいという運用をされてるわけですね。

井川：うちのアカウント発信でバズらせようとも思わないですし、バズったこともないです。ユーザーが上げてくれる数が増えればどこかで引っかかるはずだと思っています。

あとSNSで意識していることは、オフラインとオンラインの対応を

このやり方がSNS時代なんだなって思いました。選ばれたお客さんもきっとうれしいはずです（嶋野）

変えないようにすることです。飲食でありがちなのが、現場では過剰なまでに接客サービスしているのに、ＳＮＳではお客さんの声をフル無視してしまう。お店でお客さんがおいしかった、ありがとうって言ってくれたら、お店の人間も当然ありがとうございますって言いますよね。それはＳＮＳでもシームレスに対応するべきだと思っていて。自分たちも全部はできていないですが、極力意識しています。

この姿勢もこれからの時代ますます重要です。リアルとデジタルに境目がなくなっていく中での「これからの接客スタイル」かもしれません（嶋野）

尾上：めちゃくちゃ大事ですよね。このお店の空間性もそうですけど、体験できることとＳＮＳで広がっていくことのギャップがない感じも、今のお話とつながってるんだろうな。

井川：ギャップはありますけどね。ＳＮＳでアクティブなのは若い女の子が多いので、バズると女の子視点で切り取られた画角で展開されていく。不純喫茶ドープもめちゃくちゃ可愛い店みたいになってるけど、実際に来てもらうと、そんなに可愛いって感じでもなくないですか？　そういうギャップは多少出てきます。それが悪いということではないですし、もしかしたら単純に世代間ギャップなのかもしれないですけど（笑）。

尾上：確かにイメージと違いました（笑）。僕らがいてもいいんだ、っていう空気感といいますか。

嶋野：何も知らないおじさんもふらっと入って来たりしますか？

井川：男性も来ますよ。それこそヒップホップ好きな、30～40代のおっさんも。20代の若い女の子とヒップホップ好きなおっさんが混ざっているのが気持ちいいですね。

嶋野：それはすごくいいですね。お店に来てこういう世界観があるんだって発見があって、逆に今度は純喫茶巡りにハマったり、そういうことがあると文化が混ざった感じがしますね。

井川：そうです。いろんな楽しみ方があっていいんです。例えば「せつない気持ちのゴミ捨て場」っていうワードも、こういうことですって答えは出していない。コンテンツとして余白があったほうが楽しみが広がると思っているので。このワード自体はヒップホップのリリックだけど、それを知らない若い子が「このワードやばくね?」って盛り上がっているのも気持ちいい。

力を失いかけているコンテンツにワクワクする

嶋野:最後に、これからビジネスを立ち上げたり、ブランドをつくろうとする人にアドバイスがあれば。

井川:アドバイスするような立場じゃないですけどね。あるとしたら、自分の引き出しの中からしか物事って出てこない。ひらめきってポッと出てくるイメージを持ちがちですけど、いま引き出しの中に入っているものの掛け合わせでしかありません。だから自分の引き出しの中の好きなものの深度を増やしていくこと。あとは「好き勝手やる」。自分がや

自分の引き出しの中をちゃんと覗いて客観的に確認することが大事そうですね(尾上)

りたいことをやって、やめたいことをやめる感じでいいんじゃないですかね。すべての人に当てはまる話じゃないかもしれませんが、自分はそうです。

嶋野：いまのお話を聞いて、親世代から町の中華屋をやってきた2代目が、自分らしさを入れていいんだってなって気づいて変わったらすごく面白いなと思いました。

井川：町中華なんてめちゃくちゃ面白いと思うんですけどね。コンテンツ力を失いかけているもののブランディングをもっとやりたいですね。純喫茶のほかにも、スナックビルやシャッター商店街とか。もっと大きいところだと、廃校や過疎地とか。

不純喫茶ドープは、井川さんの「好き」が詰まった空間。

尾上：個人の熱狂がいろんなものにハマっていくと、多様な面白さが生まれるし。それに面白くないとされちゃったものを面白くっていうのがいいですよね。

井川：実際に価値があるものだったりするから。

嶋野：そうですよね。これ以上新しいものをつくるよりも、あるものに目を向けようぜって感じに共感します。

インタビュー振り返り

嶋野：今回は本当に理想的なやり方かもですね。自分らしさが、ある意味勝手に話題になったところもあり、計算したところも、計算してなかったところもそれぞれお客さんに受け入れられて。

尾上：最後に町中華の話も出ましたけど、そういうみんなが大好きだったけど古くなってしまったものを、井川さんが手がけることで、元の魅力を大事にしたまま新しくなるところが素晴らしいですね。

嶋野：尾上さんなら、何をモチーフにしますか？

尾上：古本屋とかですかね。店の空間は結構工夫され尽くしてる気がするので、本自体の文脈をつけて売るような古本屋はいいんじゃないかなと思ったり。

嶋野：あー、なるほど。らしいね（笑）。「文脈を大事にする」というのが今回のキーポイントですね。

ストーリーで服を売る大学生「10dom」

オーバーサイズ専門ブランドとして、2021年に誕生した「10dom」。「TikTok 売れ」と呼ばれる、動画を使ったストーリーテリング型のプロモーションで注目を集めています。100着限定で製作するアイテムはなんと1分で売り切れることも。創業者であり、22歳の大学生（取材当時）でもあるタクマさんに話を聞きました。

オーバーサイズ専用ブランドにした理由

嶋野：なぜ自分でファッションブランドを立ち上げようと思ったのですか？

タクマ：いま大学4年生なんですが、1年生のときにビジネスをしようと決めたんです。最初はフットサル大会の運営やスニーカーの転売をしていました。でも途中で、自分の好きなことでお金を稼がないと意味がないな、続かないなと気づいて。そのとき、好きなものがファッションでした。洋服が好きな男なら一度は自分のブランド持ちたい。そんなロマンを叶える感じで、ファッションブランドをはじめました。

嶋野：オーバーサイズ専門ブランドにしたのはなぜですか？

タクマ：当初はそういうコンセプトはなかったんです。最初の服（Tシャツ）は売れたけど、そのあと在庫を抱えてしまって、ブランドとして何か変化を加えなくてはと。インスタでお店の運用をしている知り合いに意見を聞いたり、調べたりしていく中で「COHINA」というブランドを知りました。インスタに「150cm前後の小柄女性向けブラ

タクマさんは、自分の「好き」がストレートにビジネスにつながっているんですね（嶋野）

10dom の TikTok アカウント。

ンド」と書いてあって、そのときに「コンセプトって面白いな」と思ったんです。「COHINA」にはその時点で10万人以上フォロワーがいて、ニッチな分野でもコンセプトがはっきりしていれば、ある程度数が取れるとわかりました。それで自分も何かコンセプトをつけようと決めたんですね。

でも、なかなかインパクトのあるコンセプトは思いつかなくて。それで自分の部屋にある洋服や作ってきた服を全部振り返ったら、言葉にはしていなかったけれど、オーバーサイズのものを作っていたし、好きだなということを再確認したんです。ある程度勘ですけど、「オーバーサイズ専門ブランド」って聞いたことないし、売っているところもない、でも需要はあるよなって。例えば、トラックジャケットはぴったりがかっこいいとされてるけど、自分は「オーバーサイズでもいいじゃん」と思うし、そういう世界をつくりたい。そこで、コンセプトにして出していくことにしたんです。

ちなみに「オーバーサイズ」と「ビッグサイズ」は違います。ビッグサイズは身体の大きな人が大きな服を着ること、オーバーサイズはわざと大きめの服を着ることです（尾上）

ほとんど24時間TikTokのことを考えている

尾上：オーバーサイズ専門ブランドって打ち出してから、反応は変わりました？

タクマ：自分と同じような好みの人がフォローしやすくなったと思います。インスタにコンセプトが明記してあるブランドって意外とあまりないですし。

尾上：TikTokの動画も全部見たんですけど、一体どうなっちゃうんだろう？ってずっと見ちゃいますね。デニムのサンプルがダサすぎて、やばい！とか。

タクマ：発売まですぐなのに、売り物

にできないようなサンプルが届いてめちゃくちゃ焦りました。でも、洋服としてはヤバいけど、動画は伸びるな、って。アンチはコイツ完成できないじゃん！って思うだろうし、ファンの方は大丈夫かな？って思うだろうから。

尾上：客観視がすごいですね。TikTokの動画のことは、普段からずっと考えているんですか？

タクマ：TikTokのことは、たぶん24時間と言っても大げさじゃないくらい考えています。

嶋野：TikTok上で競合の動きやトレンドってどうチェックしていますか？

タクマ：うーん…自分の競合がそもそもあんまりいなくて。TikTokって、かわいい子やカッコいい人が踊っているイメージがあると思うんですけど、そこにビジネスやマーケティングを持ち込んでちゃんと分析してい

この絶対やばい状況を俯瞰してとらえて「映像的においしい」とまで思うのがSNS世代のマーケティングなのかもしれません。アンチのコメントも盛り上がりに使おうとする姿勢もすごく面白いです（嶋野）

る人が、自分がはじめたときはあまりいなくて。商品ができあがるまでの物語を売る「ストーリーテリング」の考えでやっている人もTikTokにはいなかったので、うまく刺さったのだと思います。

嶋野：タクマさんはむしろ真似される側にいるということですね。

タクマ：よくどうやってるの？と質問されますし、自分の真似をして始めたと言われることもあります。でも、ストーリーテリングは続けるのが圧倒的に大変なんですよ。だからライバルも増えない。ブランドを立ち上げたころ「100日後に死ぬワニ」が流行っていて、それで「200日後に洋服を販売する素人大学生」という投稿をまずはじめたんです。

最初の100日は毎日投稿しても、

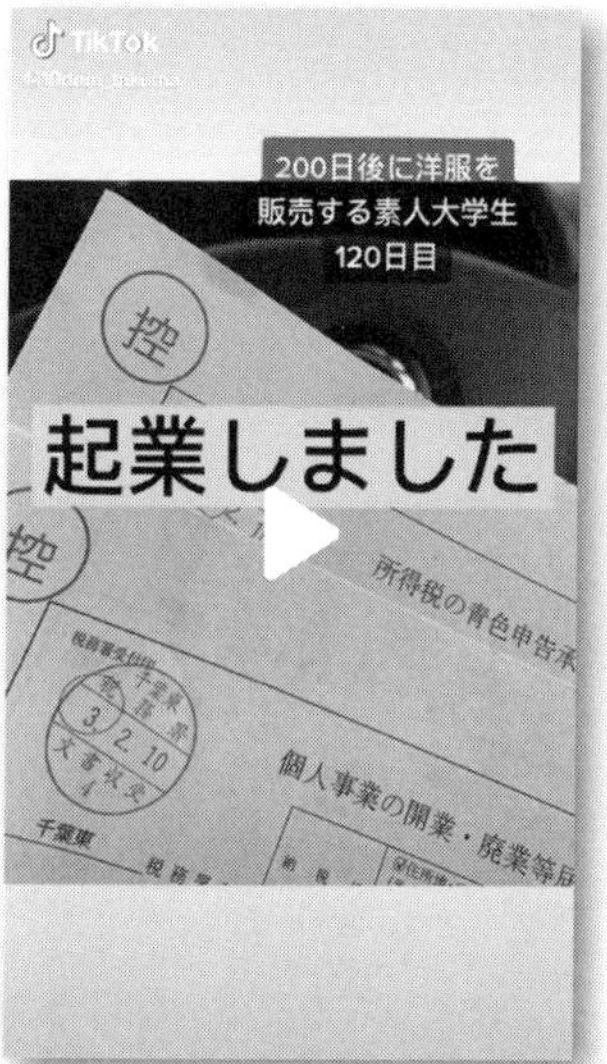

「いいね！」なんて10いったらいい状況で、しかも10のうち7くらいは知り合いみたいな。100日間人に見られないモノを投稿し続けるなんて、いま思えばよく続けたなと思います。

尾上：すごい胆力ですね。僕だったらあきらめてます…。

がけっぷちに追い詰められて動画分析をはじめた

嶋野：いま振り返ると、その頃の投稿は何が足りなかったと思います？

タクマ：まず圧倒的に動画のクオリティがよくない。よくこの画質でバズってたな、と。いま当たり前にやれていること…画質やテロップの位置も、BGMもすべてのクオリティが圧倒的に低いです。

嶋野：クオリティなんですね。てっきりストーリーテリングの違いかと思っていたので、意外な答えでした。その状況から、見られるようにするために何を変えたんですか？

タクマ：実は一番大きく違うのは、気持ちの面です。自分が最初にちょっとバズって、ある程度ブランドとして成立した大学3年の冬あたりで、インスタが伸びはじめて「ここからは何を作っても売れる！俺はこれから大金持ちや！」と天狗になって、実家を出て。受注販売をやめて在庫を持つことにして、100着限定だったのを2色展開にして、一気に200着生産することにしたんです。ところが、その直後に発売したアイテムが100着のうち30着しか売れない、その次も200着作って40着しか売れない。引っ越した瞬間に在庫を抱えて、来月、家賃払えるのか⁉って状況になって。

そこから、TikTokの動画の分析をはじめました。数字が出ている動画と出ていない動画をノートに書き出して、エンゲージメントが何%だからダメで…とすべて計算して、こういう動画を出せばバズるんじゃないかと理論的に考えはじめて。そこから変わってきたと思います。

嶋野：具体的にはどういうことですか？

タクマ：データを分析して、視聴維持率がだいたい50～60％を超えるといいなというイメージがつかめました。30秒の動画を出して15秒見てくれたら50％という簡単なデータなんですけど、たぶんそれがTikTokで一番大事なんですよ。

それがわかって以降は、視聴維持率を伸ばすつくりを意識するようになりました。例えば「年商1億」ってタイトルに出したら、なるべくその言葉を最後まで出さない。そうすると比較的バズりやすい。みんなが気になるワードを最後に持ってくるって、単純で当たり前と思うんですけど、データ的にも正しいやり方なんです。

TikTokの研究をしたことで、タクマさんの作る動画はアルゴリズムに沿ったものになったんですね（嶋野）

データに裏づけられた作り方をしているので再現性もありますね（尾上）

自分がその服を好きと思うことが一番大事

嶋野：データ分析の結果、商品は変わらないけれど、見せ方を変えたってことですね。

タクマ：それまで有名人モデルを使っていたのもやめました。有名人を起用するとその人のファンが買ってくれるけど、自分は洋服を好きな人、服が魅力的だと思った人に買ってほしいから。改めていろいろなブランドのインスタを見て、理想のブランドをピックアップして共通点を考え

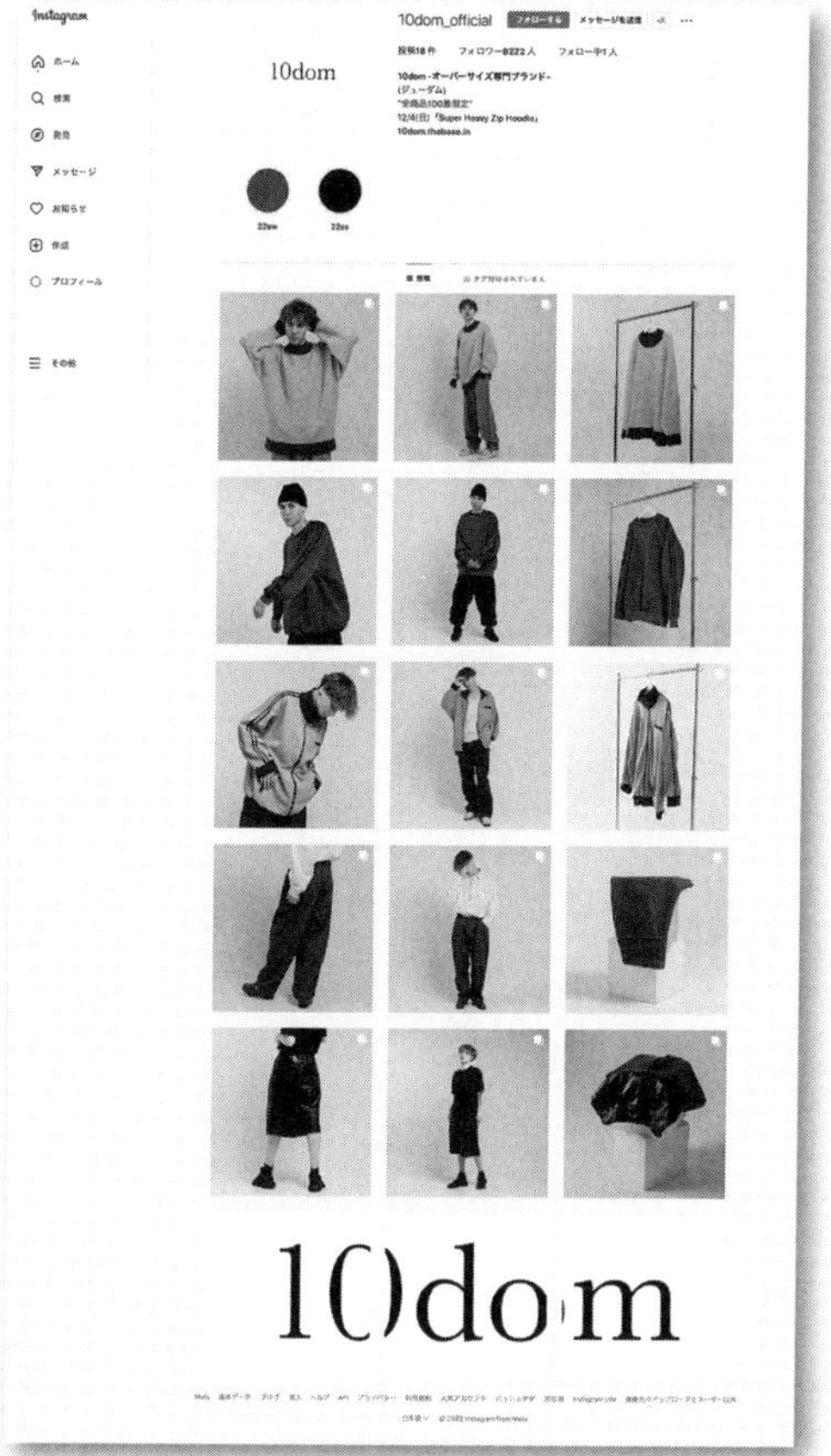

10dom の Instagram アカウント。

て、自分はこんなブランドのつくりがカッコいいと思うんだなと再認識して。それから、自分のインスタの投稿を全部消して、外国人モデルにして、白背景で撮影するいまの形になって、洋服のクオリティ自体も上がったと思います。

尾上：さっき、自分と同じ好みの人がブランドを見つけやすくなったと話していましたが、自分が買う側だったらどう思うか？という感覚は大事にしてますか？

タクマ：1作目の1万円のTシャツが100枚売れたとき「俺はもう天才だから何をつくっても売れる、ある程度ファンもついた」と思って、その後は自分もあまりカッコいいと思ってない服をインフルエンサーに着せて売ろうとしたんですよ。それが、全然売れなかったんですよ。

そのときに「俺はなんてものをつくってしまったんだ、自分も納得していないし売れてもいない。せめてカッコよくないと思っても売れていていればいい、もしくは、売れてなくても自分がカッコいいと満足しているならいい」と感じて。それ以降は「なんでみんなこれ買わないの?」と自分が言えるくらいの服を作れれば、売れなくてもいいという考えになりました。自分がその服を好きであることを大事にしてます。

発言やスタンスに全部表れていますよね。デニムの失敗の動画でも「これはダメだ、履けない」「(発売日が遅れるけど) すごいのつくるから勘弁!」って言われると、頑張ってくれ!という気持ちになる。タクマさんは結構いろいろ語るし、ガンガン押し出しているけれど、嫌味な感じがしないです(尾上)

伝える場の主軸にTikTokを選んだ理由

嶋野：徐々に「知られ方」をテーマにした質問に移っていきます。タクマさんが、TikTokをメインに使っている理由から教えてもらえますか。

タクマ：ちょうど流行っていたというのが一つ。もう一つは、以前ユーチューブをやっていたときに難しさを感じていたから。ユーチューブって、ゼロからイチをつくり出すのがすごく難しいんですよ。TikTokってゼロからイチがすごく簡単で、100〜400回は絶対再生されるんです。ユーチューブだとゼロ再生なんてざらだと思う。TikTokはそれがなくて絶対に100人に見てもらえるのが最強だと思って。

嶋野：服の製作過程をストーリーテリングで配信しようと考えたのは、なぜなんですか？

タクマ：大学1年のときに西野亮廣さんの『革命のファンファーレ』（幻冬舎刊）を読んで、自分の人生が変わったんです。ストーリーテリングって大事だと感じて。そのあと「Nizi Project」が流行ったのを見て、これもストーリーテリングだなと気づいたり。何か新しいことをはじめたり、新商品を出したりするときにはストーリーテリングが強いし、自分に合っていると感じます。

BASEでつくったショップの商品ページ。

尾上：ショップはBASEでつくっていますけど、ここではあまり商品の説明をしていないですよね。それは意図があるんですか。

タクマ：BASEでつくったショップはあくまで購入の場で、そこで選択肢を示したりして滞在時間を長くしたくないんです。衝動的に買ってほしいので、無駄なことは書かない。商品情報はインスタに書いています。最近はBASEでつくったショップに直接来る人も増えたので、サイズチャートと素材は載せています。

BASEは購入の場、Instagramは商品説明をする場、TikTokはストーリーテリングの場と使い分けているということですね（嶋野）

最初の「2秒」で引きつける

嶋野：ややテクニック的な話になりますが、TikTokの投稿で気をつけていることはありますか？

タクマ：他でも言われていると思いますが、最初の2秒が大事です。自分もまだこの2秒が弱くて再生が取れないときもあります。嘘をつかないで、視聴者を釣らないけど、何だろう？と思わせる強いタイトルをつける。難しいけれどここが一番大事です。

嶋野：例えば「デザイナーが天才だった」なんかはタイトルが強い？

タクマ：そうですね。でもそこが強すぎると、コメントでわっと書かれたりするので、いい塩梅を見ていきます。

嶋野：逆に、これはやらないようにしている、というのはありますか？

タクマ：TikTokに限らず、他の人のファッションを否定したり、〇〇を着ている人はダメとか、人を否定することはしないです。自分の思想や考えに反するので。TikTokって、ユーザーからしたら見たくない動画も流れてくるから、アンチのコメントもつきやすいんです。だからTikTok内のコメントには基本、反応しないようにしてます。インスタはほぼ90％ファンの方だと思うので返信しています。だからTikTokはメンタル

Instagramはファンの人がわざわざ見に来てくれているからていねいに対応するけれど、TikTokやTwitterのような受動型のメディアではコメントしないってことですね。その判断はすごくわかりやすいです（嶋野）

弱い人にはあんまり向いてないかもしれないですね、正直。

嶋野：タクマさんは、うまく行かないときもさっきの動画分析のように、商品よりも先に「見せ方」「売り方」のほうに目を向けますよね。そこが面白いと感じます。

タクマ：「200日後に洋服を販売する素人大学生」の投稿をしていたとき、100日目はファンが0人だったのに、200日目に1万円で出したTシャツが100着全部売れたんですよ。ただ、買ってくれたお客さんにはとても申し訳ないんですけど、現在と比べたらクオリティはかなり低いです。でも、それが売れたってことは、服のクオリティはもちろん大事だけど、「カッコよくなくても服って売れるんだ」と気づいたんです。東京の街を歩いていても、みんながカッコいい服を着てるわけじゃない。好みの差はもちろんあるけど、洋服に気をつかってない人もいる。だから、売り方が大事だなと気がついていたんで。

嶋野：なるほど、その経験は大きいですね！

尾上：カッコよさっていうのも人によって違うものですもんね。

毎回買ってくれるコアなファンを100人つくりたい

尾上：TikTokはずっと続けていきたいと思っていますか。それとも、やらないで済むならそのほうがいいとか？

タクマ：BASEでつくったショップに商品をアップロードした瞬間に売れるのが、最高の状態だと思います。でも、それが無理だからTikTokをやるし、事前にマーケティングもする。「100着限定」を変える予定はありません。毎回買ってくれるコアなファンを100人つくれたらいいと思っているんです。それがある程度できれば、TikTokを少しずつ減らしていって、BASEでつくったショップに上げた瞬間に売れる状態に持っていけるかもしれない。それでも、ある程度はTikTokをやり続

余談ですが『消費は何を変えるのか』（ダニエル・ミラー著、法政大学出版局刊）という書籍では、人は消費で自らの価値観を表明すると書いてありまして、時に価値観の合致がクオリティ以上に重要な指標にもなるんでしょうね（尾上）

けていく必要があるかもしれません。

嶋野：今後は、ずばり、何をしていこうと考えていますか？

タクマ：２０２３年度は、他のブランドとコラボとポップアップをする予定です。洋服を作る裏側はいったん少なくしていって、ポップアップの準備の裏側やコラボの会議の様子を載せる形でグレードアップしていきたいなと思っています。ずっと同じだと飽きられてしまうので。

嶋野：裏側を見せたり、つくる過程を共有して応援したくなる気持ちをつくる、という根幹は同じなんですね。

タクマ：TikTokって「〇〇している人」というのが強いと思うので、そこはブラさないようにしたいと思っています。あの人はオムライスつくっている人だよね、とか、コスプレの人だよね、と固定させたほうがいい。洋服つくっている人、ブランドの裏側を見せてくれる人だよね、という部分は変えずにレベルを上げていくイメージです。

インタビュー振り返り

尾上：いやー、本当に勉強になりましたね。

嶋野：好きなものをつくることと、ちゃんと知られることを両方とも意識していましたね。

尾上：TikTokという場所の独自性もしっかり意識されてましたし。同じ動画でもユーチューブとは違うって決断もよかったなと。自分をここまで客観視できるものかと。

嶋野：TikTok売れって再現性ないって思ったんですが、タクマさんのやり方を見ていたら、ものすごく地道だけどきっちり分析をしているから、自分のものにできてましたね。

尾上：すごかったです。

嶋野：わたしたちが広告年鑑とかで過去の広告を見たり、いまＳＮＳで流行ってるものを常にチェックするのと同じことですね。

尾上：僕もTikTokをちゃんと見てどういったものが求められているのかを客観的に考えよう、と改めて思いました。

おわりに

ここまでお読みいただき、ありがとうございました。いかがでしたか？何かためになる部分があったならうれしいです。そして、ご紹介した考え方や、知られ方はあくまで一部で、みなさんそれぞれのやり方があるはずです。

まずはたくさんトライしてみることで、自分なりのやり方や成功法を見つけてほしいです。

ポイントはなんですかね？やっぱり肩に力を入れすぎずといいますか…

ストイックすぎずに、楽しんでやることですかね。無理せず、楽しく、続けられることが結局強いのかなと。わたしたちの仕事でもそうだし、みなさんのお話を

うかがっていても同じだなと思いました。

そうですね、そしてなによりそのど真ん中にあるのは、みなさんの熱意だと思います。商売を始めるのってエネルギーがいりますし、熱意がないと客観的に見た魅力も伝わっていかなかったりしますもんね。広告も同じで、やはり担当者の方やスタッフの熱意がそのまま世の中に届くと反響がよかったりするものですし。

熱意って愛ですもんね。スマホが普及し、あらゆるお店の情報がデジタル上に整備される現在、「知られること」の価値はますます高まります。でもやみくもに広告したり、求められているところと違うものをアピールするのはコスパが悪いです。客観視で自分の強みを理解し、それを言語化して発信することが必要になっていくと思います。

と、また肩肘はってきてしまいましたが、まずはSNSでいろんなやり方にトライしてみるのがおすすめです。それにしても、わたしたちもこの本を作る過程で学びましたね。

いや、ほんとに。ＳＮＳで発信しているみなさんはとても楽しそうで、やられていることも面白かったです。ぜひ今後もこの分野の研究は続けたいですし、実際にお仕事などもしてみたいですね。

そうですね。僕も個人商店がすごく好きなので、地元のお店の商売をお手伝いしてみたいです。

例えばどういうお店とか？

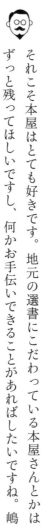

それこそ本屋はとても好きです。地元の選書にこだわっている本屋さんとかはずっと残ってほしいですし、何かお手伝いできることがあればしたいですね。嶋野さんはなにかお手伝いしたい商売はありますか？

わたしは商品づくりの段階から「知られる」要素が入ったプロダクトやプロジェクトを作る仕事がしたいですね。特にスタートアップなどの新しい技術をどう世の中に知ってもらうかを考えたいです。あとは商店街のある街にずっと住んでいるので、どこかの商店街のリブランディングもお手伝いしたり。

日本には知られていないだけですごい技術や商品がたくさんあります。でも、知られるのを待っているだけじゃもったいない。ＳＮＳでメディアが大きく変わるいまこそ、知られることに少しでも意識を割いてもらえるとうれしく思います。

それこそ、日本発のブランドがこれから世界にどんどん広がっていく可能性がありますもんね。ますます多くの商売が「知られて」いくことを願っています！

謝辞

最初は音声コンテンツとして始まった「知られ方」。
この本の形になるまで3年かかりました。
執筆にあたってご協力いただいたみなさまに、ここで感謝をさせてください。

お忙しいなか取材させていただいた、
伊良コーラのコーラ小林さん。鮨ほり川の堀川文雄さん、秋谷麻美さん。
不純喫茶ドープの井上裕介さん。10domの磯辺拓馬さん。
真摯に商売と向き合っているみなさまのお話は
毎回が新鮮な驚きと学びだらけでした。

事例の掲載のご許可をいただいたみなさま。
世の中には本当にたくさんの知られ方がありますね。
この本を机上の空論にさせないために、生の意見を伺う機会も設けていただきました。

ヒアリングにご協力いただいたＢＡＳＥの皆さん。
ワークショップにご参加いただいた、刺繍作家のたかぎともこさん、
銀座ワイナックスの星野巨衣さん、ＰＩＡＮＳＡの中戸文美さん。
みなさんの生の声が我々の視野を広げてくださいました。

素晴らしいデザインを仕上げてくれた、ポラーノの相楽賢太郎くん。
招き猫の表紙が出てきたときの、これだ！感が忘れられません。

立ち上げを共にしてくださった編集の小林圭輔さん。
そして、迷ってばかりの我々を導き、どんどん前へ進めてくださった刀田聡子さん。
編集者という仕事の迫力を知ることができました。
僕らだけでは永遠に形にならなかったと思います。

ありがとうございました。
この本が、読まれた方の心を晴らしたり、背中を押すものになっていれば幸いです。

特別ふろく

広告の歴史をひもとく

広告は個人のものだった

特別ふろくとして、著者ふたりが
広告の歴史を初めての人にもわかりやすく解説する
コンテンツをお届けします。
（ウェブメディア『アドバタイムズ』での連載初回記事を、
一部改変して再掲しています）
本コンテンツは音声配信でも聞くことができます。

＼ 音声版はこちらの QR コードから ／

広告は、企業発から「個人発」へ

嶋野：今回はわたしから、「広告は個人のものだった」というテーマで、広告の歴史を紀元前からさかのぼって楽しくお話ししたいと思います。

なぜこのテーマで話すことを決めたかと言いますと、SNSが発達してみんながそれぞれ直接自分の商売やビジネスのアピールを自由にしているいまの時代って、実は広告が生まれた当時と似ている状況だなと思ったんですよ、尾上さん。

尾上：具体的にはどういうことなんですか。

嶋野：例えば、15世紀ぐらいのヨーロッパって、街じゅうがビラであふれていたそうなんです。お店などいろいろな告知のビラであふれていて、ビラの上にビラが重なって、街じゅうがビラだらけになって、しまいには教会とかにもどんどん貼られちゃって、逆に何を見たらいいかわからないようになってしまいました。

この頃大企業なんてものは存在していなかったので、個人一人ひとりが自分のアイデアを振り絞って、なんとかして人を振り向かせるための、ある意味アイデアとなる広告を発信していたんですね。つまり、その当時は、「広告が完全に個人のもの」でした。そのときと同じ空気がいまの時代にもあるんじゃないかなと感じています。だからこそ、われわれの広告の技術というのが、商売やビジネスをはじめる個人のためにお役に立てるんじゃないかと思っています。

このトークの大きいキーワードは「広告をもう一度、個人のものにしていく」です。先ほども申し上げましたが、いま個人でビジネス、商売をすることが、どんどん簡単になっていて、ネットショップをすぐ立ち上げられて、配達サービスみたいなものに挑戦できる。もちろん、それ以前から多くの人が個人事業主的にお仕事されてきたわけですが、そのハードルがますます下がっています。

そんな中、個人で中小規模のビジネスをされているみなさんが抱える悩みは何かと考えると、一番は「知られる」ことではないでしょうか。

そこで、「バズる文章」みたいなことを調べて使ってみても、上滑りしてしまったり、本屋さんでコピーライティングの本を読んでも、なんだか、大企業に向けたものに思えてしまって、表現とか企画とかデザインとか、センスがないとできない特別なものだと思われてるんじゃないか、とわたしたちは感じました。

確かに世の中で注目される広告の多くは大手企業のもので、広告のビジネスの仕方も大手企業のためにチューニングされている、というのは正直否定はしきれません。でも、だからこそ、SNSが発達したこのタイミングで、広告の技術を幅広くみなさんに知ってもらうことで、もう一度広告を個人一人ひとりの手に取り戻せるんじゃないか、というふうに思っているわけなんです。

キャッチやサンドイッチマンの先祖はバビロンにいた

嶋野：ここからは、広告の歴史を振り返って、いろんなお話をしていきたいと思います。改めて調べてみると、広告の歴史のほとんど——紀元前1700～西暦1800年頃——では、広告は個人、もしくは家業を持つ人たちの手によってつくられてきたものでした。

わたしたちのような広告を専門につくる技術者が登場したのは1800年以降でして、

それまではずっと個人が自分の手で広告メッセージを考え、どんなメディアでどう伝えるかを考えていたのです。そういう時代が長く続いていました。

余談ですが、ゲーテや、国学者の本居宣長も自分の商品の広告は自分で書いていたという記録も残っています。

尾上：コピーというか、宣伝文句というか。すごい本が出たぞ、みたいなことを書いてたんですかね？

嶋野：まさにゲーテだったら、自分のこんな本が出版されて、こうだ、みたいなことを書いているし、本居宣長は薬もつくっていたので、自分がつくった薬のコピーを薬の紙にいちいち書いて、売っていたという記録があります。

尾上さん、広告の原点って、どういうメディアから始まったか、知ってますか。

尾上：いや、特に知らないですけど、しゃべるとかですか。

嶋野：まさにそこでして、広告の原点であるメディアって人なんですね。「人メディア」と言われるものがスタートで、めちゃめちゃ簡単な話ですが、人を雇って、自分の代わりにお店の紹介などを大声で叫んでもらったのが、広告の原点と言われています。

具体的に言うと紀元前１７００年頃のバビロンでは、バーカーと呼ばれる声出しの人を雇って、自分のお店の前で売り込みをさせていたのが、媒体＝メディアを使って紹介したはじまりと言われています。

尾上：どの店の前もバーカーがいて、めちゃくちゃうるさい状況になってたんですかね。

嶋野：実は都市によって違っていて、バーカーも免許制で人数が決まっていて、組合制があったりとか、雇える店、雇えない店があったりして、特定の業種はいいとか…そういうことが記録には残っています。

尾上：なるほど、それが紀元前１７００年。ヤバいですね。

嶋野：ぜんぜん知らなかったよね。

尾上：いまバーカーみたいなことって、八百屋さんなんかはやってますよね。あれは自分でやってるのか、安いよ安いよー、って。サンドイッチマン（広告看板を身体の前後にかけて街なかで宣伝する人）は？

嶋野：サンドイッチマンは割と近いのかな。厳密にいうと、店の前にいる人がバーカーで、店から離れた場所にいる人はクライアーという違う言葉の定義があるので、サンドイッチマンは後者かもですが。

尾上：はぁ！

嶋野：サンドイッチマンはクライアーのほうから生まれたメディア。

尾上：じゃあ新宿の居酒屋の（客引きの）人とかですか。バーカーは。

嶋野：近い近い。

尾上：いまだと、あんまり信頼できないかもしれないって感じもありますね。

嶋野：若干ね。

尾上：そんなこと言って高い値段なんだろ後で、みたいな感じに…。

嶋野：(笑)。その後は街なかにある大きな壁にメッセージを描いて、多くの人に情報を届ける、いわゆる屋外広告——世界最古の屋外広告みたいなものも生まれました。紀元前4世紀頃のポンペイ(噴火で埋もれてしまったことで知られているイタリアの街)にはアルブムと呼ばれる白壁があって、スポーツの試合日時や、新しい浴場のオープン告知、織物、生地なんかの販売の紹介文が赤い文字で並んでいたそうです。

街なかの大きな目立つ壁ほど人気で、予約制になっていまして、期間を区切って販売——何月何日からはこの人の場所、それ以降は違う人——と、売り買いを回すようなスペースブローカーみたいな人もいて、文字を描く人や消す人のような専門職もこのときから生まれてきた、みたいな記録もあります。

そのあと、ついに紙が普及して広告にも使われるようになります。紙が生まれてからは表現の幅が一気に広がり、チラシやポスターが街じゅうを埋め尽くしました。ちなみに記録に残っている範囲でいうと、エジプトのテーベという都市で、紀元前1000年頃にもうパピルスによる広告ビラが残っています。その内容がですね、個人が逃げた奴隷の行方を探すような広告でして。

なぜかというと、当時は奴隷は自由に買えるわけではなくて、奴隷の管理は所有者の義務だったんですね。逃げちゃうと大問題になるので、必ず逃げたら自分たちで探さないといけないと社会的に決まっていた。そこでビラを使って、こういう奴隷がいて逃げたので探してください、みたいな告知をしていました。まさに広告が社会の映し鏡として、当時どういうふうに人々が生きていたのか、調べる材料としても使われています。

その後、印刷技術が進化して、木版印刷や活版印刷が登場してきまして、ここからますます個人一人ひとりが自由に広告メッセージを発信する時代が訪れます。

10世紀末、中国の北宋時代に、山東省の針屋さんのものがありました。針を売っているお店で、クンフー（功夫）と言われる熟練の職人が、「うちの針はいい針ですよ！」というのを紹介したチラシが残っています。
わりと小さい、正方形のチラシではあるんですが、お店の名前や場所に加えて、まん中にかわいいうさぎの絵が載っているんですね。しかもそのうさぎが薬草を砕いているイラストがなぜか載っている。

なんで針屋の広告でうさぎが載っているのか、わからなかったので調べたんですが、うさぎというのは不老不死の象徴で、月のうさぎが薬を砕いていると中国では言われてるんですね。日本では月のうさぎは餅をつきますが、餅の杵や臼が中国では薬を砕いているように見えたらしくて、縁起がいいものの象徴としてうさぎをデザインしたチラシだったようです。

一方、1480年頃のイギリスでは、カクストンという個人が、自分の出版した本の広告を自分自身でビラに印刷してばらまいた、という記録がありました。

尾上：このころのチラシはデザイン性に富んでいるという感じではなかったんですか？

嶋野：ほとんどは文字のほうが多かったらしいんですけど、ヨーロッパではイラストがすごく発達していて、日本で言う引札みたいなものが発達して、それをばらまくときにイラストが載っていたという話があります。

尾上：ふうん、面白いですね。

嶋野：その後は新聞がついに登場するんですね。新聞広告は、広告が発展する上で、重要な起点と言われてまして、一度に大勢に届くことから大きな影響力がありました。それゆえにさまざまな規制をかけられたり、いろいろあったんですが、今なお残る広告の王道的手法かと思います。

新聞広告、ラジオ、テレビ、インターネット…そしてSNSの登場

嶋野：記録に残っている最古の新聞広告は1625年のイギリスにありまして、歌の本の広告。これも歌をつくった本人が、自分で書いた広告を新聞に出していました。初期の新聞広告のほとんどは、いまのような15段広告はなく、ほとんど3行広告や案内広告

のようなもので、個人が自分たちの情報を公開したり、逆にこんな情報が欲しいです、といったことを情報交換する場として使われることが非常に多かったです。

具体的には紛失したものを探す依頼とか、お店の引受先の募集、結婚相手の相談、奴隷売買や、逃げた奉公人を探す広告など、いまみたいにネット検索がない時代は、誰が何を欲しい、売りたいみたいな情報自体が貴重で価値があって、広告面自体も非常に人気があって、本編の記事と同じくらい、みんな広告を見ていたそうです。

尾上：アメリカだと、なんとかリストってありますよね。ウェブサイトで全部売っているっていう。名前忘れちゃったんですけど。不動産から情報から検索して売れる、という。そういうものに変わっていったんですかね。

嶋野：クレイグスリスト？

尾上：クレイグスリスト、はい。クレイグスリストには何でも売っていて、ローカル情報交換…販売不動産が基本で、求人、出会い、個人広告など。ほかにも履歴書、会議などのフォーラムがあって…。

嶋野：今でいうところのメルカリとかヤフオクですよね。そういうのがなかったときに情報をまとめていたのがクレイグスリストで、いわゆる電話帳に近いところがあるんだよね。こういうとき誰に相談したらいいとか。

さて、その後1920年代からラジオが世界中で登場します。はじめは商業放送ではなく、影響力を恐れた新聞社からCM規制などの妨害もあったそうなんですが、結果的には圧倒的な伝達力や、聞く人の想像力を刺激する言葉によって、人々の心をつかんだ、というふうに言われています。

さらには、テレビが登場して、広告のルールを変えました。みなさんご存じだと思いますが、音と言葉とビジュアルと動きをすべて兼ね備えた映像という表現手法はいままでの広告よりも圧倒的にリアルで、クリエイティブな存在で、消費者はもちろん、広告主の心も躍らせました。映像広告という手法は、ネット全盛期のいまでもユーチューブなどを通じて活発で、今後もますます発展していくかと思います。

そして、いまはみなさんおわかりの通り、ネット広告が主流の時代になっています。しかしネット広告のあり方は今までのマスメディアとは全然違う、とわたしたちは感じています。

ネット広告も初期は、ダイレクトメールやバナーのように、あくまで「枠」の中でメッセージを伝えていて、従来の広告に近いものでした。しかしSNSの発展に伴って革命的とも呼べる進化をとげました。そのもととなったのが「発信性」です。

そもそもインターネットは初期の頃からホームページをつくれば誰でも自分のメディアを持つことができたわけですが、それだけだと人はなかなか集まらなかった。基本は検索されるのを待つ、もしくはわざわざ広告を打って、誰か来てくれるのを待つ。

そこにSNSが登場したことで、個人でありながら「発信性のあるメディア」を保有できるようになりました。情報を投稿したり伝えるだけではなくて、視聴者がいいね！やシェアをしてくれることで、情報自体がどんどん勝手に広がっていくと。いままでの受け身のメディアとはまったく違う強さ、意味を持っています。

だからこそ、われわれ広告プランナーも「バズ広告」や「UGC（ユーザー生成コンテンツ）」「投稿キャンペーン」など含めて、見ている側の行動やアクションを前提とした仕掛けをしたコミュニケーションを考えるようになりました。広告が一方通行ではなく、本当の意味で相互コミュニケーションになったんじゃないかと思います。どうですか、尾上さん。

尾上：まさに僕らが働いている十数年で起きた一番大きな変化というか。僕がこの世界に入ったときは、デジタル広告はいっぱい出ていましたが、SNSはあまりなくて。SNSが力を持ち始めたのは2010年とか11年、そのくらいですよね（編集部注：ツイッターとFacebookの日本版が登場したのは2008年。その後数年かけてメジャーになっていった）。

そのあたりで一気にコミュニケーションのあり方も変わったな、というふうに認識してます。発信だけじゃなく、ユーザーとの協力プレイになっていったというか。

いまはそれがより強くなって、もはやユーザーのほうが声が大きい状態になっているのが、なかなか難しく面白いところではありますね。コミュニケーションといいながら、けっこうユーザー側のほうが強い状態が多い、という感じはしております。

嶋野：そうですね、それがまさに今回のテーマの、個人個人が広告の技術を持つ、というテーマにつながっていくのではないかと思います。

「知られるための」技術は、特別なものではない

嶋野：ちょっとここで話を戻します。いつ広告が個人の手から離れてしまったかという話をしますと、それは1820年頃の第一次産業革命あたりがきっかけかと思います。

産業革命が生み出した大量生産時代は、同時に、大量の買い手を必要とする時代だと言えると思うんですね。企業はたくさんのものを作って、売ると。そのためには国中をカバーできるメディアを——当時は新聞広告がほとんどだったんですが——利用して、なるべく多くの人に知ってもらって、売る。それによって大量生産が可能になる、という循環をつくっていきました。それが今のような大企業によるマスマーケティングで、その一環としてマス広告が始まった。

一方、SNS時代のいま、メディアはわたしたち一人ひとりの手にあります。さらにアイデア次第でどんどん広がっていくので、日本はもとより、世界中のみなさんに伝わる可能性さえあります。しかもお金もかけずに広がる。

これって実は、ポンペイの壁で自分たちが一番目立つように考えながら広告文を書いたり、パピルスに書いたビラがどうすれば捨てられずみんなに広がっていくのか考えたり、たった3行しかない新聞広告の枠で一番目に留まる方法を一人ひとりが考えていた、過去の広告のあり方と同じような状況なんじゃないかと思っています。

だからこそ、いまこそ広告の技術を商売やビジネスを始める一人ひとりが習得できれば、個人の力で世の中に「知られていく」時代が始まる、とわたしたちは考えています。

わたしたちは、個人でビジネスや商売をされる一人ひとりの方に、この技術をお届けできたらうれしい。それによって、素晴らしい商品やサービスがもっと世の中に知られれば、社会のためにもなります。この本をきっかけに、みなさんの素晴らしい商売やビジネスがもっと世間に知られることを願っています。

わかる！使える！デザイン

小杉幸一 著

デザインに対する「わからない」を「わかる！」「使える！」に変える。アートディレクターである著者が、仕事で培ってきたデザインに対する考え方や進め方をまとめた。デザインを依頼する立場の方はもちろん、デザインの仕事を始めて日が浅い方にも役立つ一冊。

■本体2000円＋税　ISBN 978-4-88335-551-8

ステークホルダーを巻き込みファンをつくる！オウンドメディア進化論

平山高敏 著

「キリンビール公式note」立ち上げに参画し、1・5万人のフォロワーを獲得。同社のコンテンツ企画・コミュニケーション戦略を担う著者が、「顧客との長く、持続的なつながり」を生み出す〝つづく〟オウンドメディアについて綴る。

■本体2000円＋税　ISBN 978-4-88335-555-6

好奇心とクリエイティビティを引き出す 伝説の授業採集

倉成英俊 著

電通Bチーム、アクティブラーニングこんなのどうだろう研究所を立ち上げ、自称「伝説の授業ハンター」である著者が、教育業界～実業界、日本～海外、現代～過去、学校～家庭～企業、有名～無名と、カテゴリーと時空を超えて採集した「伝説の授業」20選。

■本体1900円＋税　ISBN 978-4-88335-550-1

クロスカルチャー・マーケティング 日本から世界中の顧客をつかむ方法

作野善教 著

外国人ほか多様な文化的背景を持つ人の購買・使用を念頭に置いたマーケティングで、世界の顧客をつかむ――。国内市場の成熟が進む中、日・米・豪で企業のマーケティングを支援してきた筆者による、これからの日本企業への処方箋。

■本体2000円＋税　ISBN 978-4-88335-559-4

嶋野裕介（しまの・ゆうすけ）
東京大学経済学部卒。ブランドマーケティング論を専攻。 マーケティングプランナー、営業職を経てクリエイティブ職へ。 主に飲料メーカー、自動車メーカー、地方自治体などの PR・プロモーションを担当。国内外のアワード審査員などを務める。好きなものは、新聞とオセロと研修。

尾上永晃（おのえ・のりあき）
東京理科大学大学院建築学部卒。都市の設計とブランド論を専攻。プロデューサー職を経て企画職に。SNS での人々の動きを意識したコミュニケーション設計で飲食チェーン、製菓会社、出版社など分野を問わず担当。 国内外でブランドやコミュニケーションの講義を行う。好きなものは、料理。

なぜウチより、あの店が知られているのか？
ちいさなお店のブランド学

発行日	2023 年 4 月 3 日　初版　第一刷 7 月 6 日　初版　第二刷
著　者	嶋野裕介、尾上永晃
発行人	東彦弥
発行元	株式会社宣伝会議 〒 107-8550 東京都港区南青山 3-11-13 TEL. 03-3475-3010（代表） https://www.sendenkaigi.com/
装丁	相楽賢太郎（Polarno）
本文デザイン	加藤愛子（オフィスキントン）
漫画イラスト	尾上永晃
DTP	ローヤル企画
印刷・製本	シナノ書籍印刷

ISBN 978-4-88335-569-3